历史的丰碑丛书

文学艺术家卷

东方美的痴情歌者
川端康成

孟庆枢 编著

吉林人民出版社

图书在版编目(CIP)数据

东方美的痴情歌者——川端康成 / 孟庆枢编著 . --
长春 : 吉林人民出版社, 2011.4（2021.8 重印）
（历史的丰碑丛书）
ISBN 978-7-206-07622-0

Ⅰ . ①东… Ⅱ . ①孟… Ⅲ . ①川端康成（1899 ~
1972）—生平事迹—青年读物②川端康成（1899 ~ 1972）—
生平事迹—少年读物 Ⅳ . ① K833.135.6-49

中国版本图书馆 CIP 数据核字 (2011) 第 037501 号

东方美的痴情歌者　川端康成

DONGFANG MEI DE CHIQING GEZHE　CHUANDUAN KANGCHENG

编　　著 : 孟庆枢
责任编辑 : 孙浩瀚　　　　　封面设计 : 孙浩瀚
制　　作 : 吉林人民出版社图文设计印务中心
吉林人民出版社出版 发行 (长春市人民大街7548号　邮政编码:130022)
印　刷 : 北京一鑫印务有限责任公司
开　本 : 787mm×1092mm　　1/16
印　张 : 8　　　　　字　数 : 72千字
标准书号 : ISBN 978-7-206-07622-0
版　次 : 2011年4月第1版　　印　次 : 2021年8月第2次印刷
定　价 : 35.00元

如发现印装质量问题,影响阅读,请与出版社联系调换。

编者的话

"欲知大道，必先为史"。

回溯人类的足迹，人们首先看到的总是那些在其各自背景和时点上标志着社会高度和进步里程的伟大人物。他们是历史的丰碑，是后世之鉴。

黑格尔说："无疑，一个时代的杰出个人是特性，一般说来，就反映了这个时代的总的精神。"普希金说："跟随伟大人物的思想是一门引人入胜的科学。"

以史为鉴，面向未来。作为 21 世纪的继往开来者，我们觉得，在知史基础上具有宽广的知识结构、开阔的胸襟和敏锐的洞察力应是首要的素质要求，而在历史的大背景中追寻丰碑人物的思想、风范和足迹，应是知史的捷径。

考虑到现代人时间的宝贵，我们期盼以尽量精短的篇幅容纳尽量丰富的信息，展现尽量宏大的历史画卷和历史规律。为此，我们编撰了这套丛书。

编撰丛书的过程，也是纵览历代风云、伴随伟人心路、吸收历史营养的过程。沉心于书页，我们随处感受着各历史时期伟大人物所体现的推动历史进步的人类征服力量。我们随着伟人命运及事业的坎坷与辉煌而悲喜，为他们思想的深邃精湛、行为的大气脱俗而会意感慨、拍案叫绝。

然而，在思想开始远游和精神获得享受的同时，我们也随之感受到历史脚步的沉重和历史过程的曲折。社会每前进一步都是艰难的，都伴随着巨大的痛苦和付出。历史的伟大在于它最终走向进步，最终在血污中诞生了鲜活的"婴孩"。

历史有继承性和局限性，不能凭空创造。伟人也有血肉，他们的思想、行为因此注定了同样具有历史的局限性和阶级的、时代的烙印；他们的功业建立于千千万万广大人民群众伟大创造的基础上。历史是人民群众创造的，伟大的人物们是历史和时代造就的。同时，我们也无法否定此间他们个人的努力。这也正是我们编撰这套丛书的目的。

我们期盼着这套丛书得到社会的认同，对读者，特别是青少年读者之历史感、成就感和使命感的培养有所裨益。史海浩瀚，群

星璀璨。我们以对广大青少年读者负责的精
神，精心遴选，以助力青少年成长进步，集
结出版了《历史的丰碑》系列丛书，敬请读
者批评、指正。

历史的丰碑丛书

编 委 会

日本第一位获得诺贝尔文学奖的川端康成，从青少年时代就读过许多日本古典文学作品。主要作品有紫式部的《源氏物语》、清少纳言的《枕草子》等。

　　《源氏物语》作为日本的小说作品在世界文学中最享有盛誉。《枕草子》虽是随笔作品，但所蕴含的是由敏锐的感觉所创造的独特的世界。川端康成的"掌上小说"曾受到《枕草子》形式美的巨大影响。

　　川端康成被称作为新感觉派作家，创造了现代主义新的美的形态，给予文坛以很大影响。虽然可以说川端晚年的创作是覆盖前卫文学之上的对日本古典美的展示之作，但川端文学的基础是建立在日本的古典美和新感觉派艺术的巧妙融合的独创之上的。

　　本书著者孟庆枢先生多年亲炙川端文学，深究、把握了川端文学的真谛。川端康成接受诺贝尔文学奖时所发表的纪念讲演《美丽的日本，我》所体现的理念乃是本书的基轴。为了使川端文学得到外国人的理解、鉴赏和享受，极有必要从他的早年作品一直到晚年的创作都认真玩味。本书作者实践了这一目标。

〔日本〕川端文学研究会会长长谷川泉
1996年5月

目　录

历史的丰碑丛书

天涯孤儿

> 不幸是天才的进身之阶，信徒的洗礼之水，能人的无价之宝，弱者的无底之渊。
>
> ——巴尔扎克

1968 年 12 月 10 日，这是一个难忘的日子。在北欧的美丽的国度——瑞典王国的首都斯德哥尔摩的音乐厅会堂举行本年度的诺贝尔文学奖授奖仪式。会场庄严、隆重，新闻媒体等待着令人激动的时刻，专注地把镜头对准获奖者……一位清瘦、精神矍铄的东方人款款步入会场。他穿着灰色的和服裙裤，外罩和服外衣。面对雷鸣般的掌声和闪烁不息的镁光灯，他挂着彬彬有礼的微笑，但那饱经沧桑的鬓角、嘴角、眼纹似乎也镌刻着苦涩……他，就是日本著名作家川端康成——继泰戈尔之后第二位获诺贝

→川端康成

←诺贝尔奖颁奖现场

尔文学奖的亚洲作家。其实，如我国著名作家邓友梅在中日第二届川端康成国际学术研讨会（1994年8月北京）上所说，泰戈尔是将自己的作品译成英文，向西方世界展示了东方文化，使用的并不是他的民族语言，而真正用本民族语言写作而获此殊荣的则是川端康成。可以说川端康成是第一个以本民族语言创作而登上文学的奥林匹亚顶巅的亚洲作家。

人们的目光注视着这位身材矮小的日本人，似乎全世界的目光都集中在这座瑰丽的大厅里。新闻媒体早就称川端康成是位痴情的东方美的歌者。此时此刻，他心潮澎湃，万般思绪涌上心头，自己的人生历程、时代风云，特别是自己苦难的童年……

川端康成（1899—1972）出生于明治32年6月11日日本大阪市北区此花町的一个开业医家庭。据家谱记

载，川端是历史上赫赫有名的北条氏的后裔。他曾引用
他祖父的话说："咱们家自北条泰时以来已有七百余年。
但是，这北条远祖并未给他的后人带来好运，川端康成
从一出生就命运多舛。他从呱呱坠地就接二连三地迎接
了命运的挑战。他是父亲荣吉、母亲阿玄的长子。在他
身上只有姐姐芳子（明治28年生，长康成4岁）一人。
父亲荣吉曾在大阪府下天王寺桃山的高桥医院做过医

→川端康成的出生地——日本大阪市

生。他毕业于东京医学校，还曾在浪华（大阪旧名）"易堂"学过儒学，也学习过汉诗、文人画，号"谷堂"。他文弱多病，在川端不谙世事的时候就英年早逝。相隔将近一年母亲又溘然长逝。他们都死于肺结核。由于父母的相继辞世，年幼的姐弟俩不得不分开寄养。姐姐芳子到姨父母家中，川端康成则和年迈的祖父母相依为命。祖父三八郎对易学和相学均有研究，他还曾想出版《建宅安危论》，而且也颇通中医学。可是，在这本来已经孤寂的家庭里又接二连三地发生了变故：在明治39年（川端虚8岁）时，他又失去了慈善的祖母；在他11岁（明治42年）只见过一面的姐姐芳子也别他而去。自此他只能和几近失明的祖父形影相吊地同守寒舍孤灯，这是他世上唯一的亲人了。

川端康成在《文学自叙传》中说过："祖父之外，我不记得父母的容颜，一个就要灭绝的血统——好像是拂晓前的月光似的花朵，这就是我的样子。"也许应了一句古语：霜打独根苗。在他14周岁的时候，他最后的一位亲人——祖父也撒手去了冥界，从此他彻底成了"天涯孤儿"。

在川端康成的处女作之一的《十六岁的日记》（这篇日记体作品是川端于1914年写成的，1925年发表。）里直率地做了告白：

　　"约摸5点半，我从中学回到家中。我家大门紧闭着，避免客人来访。因为只有祖父躺在家中，来人不好对付。"（祖父患白内障，那时候已双目失明）对于一个天真的中学生来说，这种环境给予他的只能是"寂寥和悲伤"。

　　14岁（周岁）的孩子该过着烂漫的童年生活，但是，这一切已与川端无缘。他既要跑学校上课，又要护理病危的祖父。下面的一段文字真实记录了这种情况：

　　"让我撒尿，让我撒尿吧。好吗？"在病床上一直不动的祖父这样呻吟着，我有些慌恐。

　　"怎么办呢？"

　　"把尿壶拿过来，把小便放进去。"没有办法，撩起前衣襟，虽然满心不高兴，还是照他说的做了。

　　"放进去了吗？放好了吗？我要撒了！不要紧吧？"

　　自己已经毫无感觉了吧。

　　"啊，啊，痛，真疼啊，真痛啊！啊，啊。"看来撒尿的时候是很疼的，随着这痛苦欲绝的声音，在尿壶底下响出了犹如山谷清泉的流淌声。

"啊，真疼啊。"这种痛苦难耐的声音使我的眼泪夺眶而出。

茶水开了，让祖父喝茶，是粗茶。精心护理让他喝下去。他瘦骨嶙峋，几乎秃了的脑袋残存一点银发，颤抖的皮包骨头的双手。每喝咽一口茶，突兀的仙鹤脖子的喉结费力地移动。饮茶三杯。

"太好喝了，太好喝了。"他吧嗒吧嗒嘴。

可以说，川端康成在相继去世的亲人旁早就埋葬了他童年的欢乐，他有的是一颗撕碎了的童心。论他的年岁是该依偎在父母身边，享受来自父母的爱，但是他却要像一位"长者"去同情垂危的病人。"啊，祖父一生不得志。他干的一切事业全都失败了，他心里该怎么讲呢？啊，感谢上天保佑。在这逆境中，他活到了75岁。……他的几个孩子和孙子都先于他辞世了。他没有话伴，看不见也听不到（又失明又耳背），很是孤独。祖父感到所谓孤独的悲哀。在祖父来说，'哭着过日子'这句口头禅，确是吐露了真情实况。"川端这位"天涯孤儿"。自小就是在苦海里拼搏。他说："我自己太不幸，天地将剩下我孤零零一个人了！"

在他埋葬了最后的亲人祖父之后，"在世上越发孤单与寂寞"，他放学回到家中，就将大门关上，回避客人来访，独自一人留在宁静的屋子里。后来康成的表兄把仅存的房屋卖掉，把康成带到他母亲娘家的丰里村，辗转寄住在几位亲戚家。他，虽然才14岁，但已经没有了自己的家。他承受着巨大的精神压力，正像他在《拾遗骨》中写他火化祖父之后的情景："我什么也无所谓了。真想一仰脸就躺在地上，在蔚蓝的天空下，呼吸一口新鲜的空气。"扭曲的"孤儿根性"希冀的是人间的爱，无边无际的寂寞犹如魔力无边的法网，将他裹缠着，甚至难以呼吸。但是，那颗强韧的心却不屈地怦然跳动，

《源氏物语》的是日本著名女作家紫式部的代表作，也是川端康成喜欢的一部日本古典文学作品。

那双深邃的眼睛仰望蓝天，他的神思是不受羁绊的，可以自由翱翔……

在川端羸弱的身躯里有着不寻常的刚毅精神和聪明才智。他在小学念书时虽然因病缺课很多，但是学习成绩仍然十分优秀，尤其对于文学和绘画表现了突出的才能。他在初中念书时读了大量的文学书籍，他的文学教养就始于这段人生关键时期。他从立川文库和押川春浪的侦探、科幻小说读起，对于当代文学前辈的武者小路

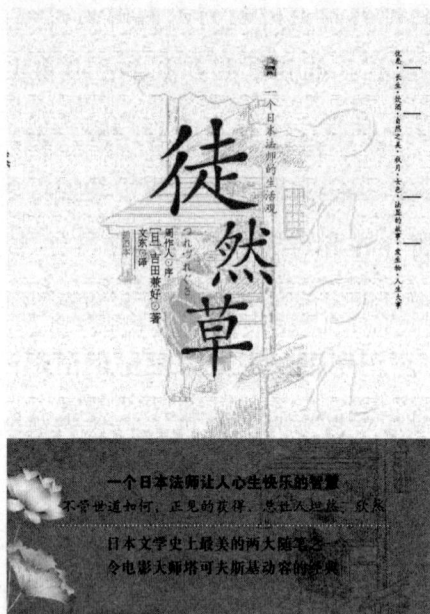

←中学时代的川端康成就已经读完了《徒然草》

川端康成从青少年时代就读过许多日本古典文学作品，其中就有清少纳言的《枕草子》。

实笃、上司小剑、长田干彦、谷崎润一郎等人的作品都很喜欢。日本古典文学作品是他不可缺少的精神食粮。《源氏物语》、《枕草子》、《方丈记》、《徒然草》、《大镜》、《增镜》、近松、西鹤的作品都一一读过，这对于一个中学生来说是惊人的。

一个"天涯孤儿"在书籍里寻觅到了另一个世界。他没有吮吸过母亲的乳汁，是知识的乳汁将他喂养大。当他用笔来记述人生时，也许他未必想成为一名作家，也许那首先是人生命运的抗争，是对不公平的"天涯孤儿"命运的一种解脱吧。也许正因为如此，日本著名川端康成研究家长谷川泉说过一段意味深长的话："对于川端其人来说，如果认为他人生历程命运多舛，假若从这一近视的眼光来考察他的话，他的遭遇或许是很不幸的。但是，从文学创作的角度来说岂不又给川端带来了幸福吗？"这是一段说得很精辟的话。每个人都希望有幸福的人生，然而在世界上又总有不幸的人。对于不幸的人来说面临的是如何驾驭他的人生。川端康成从少年时代亲炙文学，与命运抗争，他的人生历程，特别是"天涯孤儿"的独特经历，在他的心灵坩埚里酿出了一曲多味的含有深刻哲理的人生抒情曲。他发自肺腑的心曲可以帮助人们更深刻地领悟人生，从这个意义上讲，川端化不幸为幸福。

稚纯之恋

没有爱，人类一天也不能生存。

——弗罗姆

  川端康成在苦难中跋涉，他靠自己的聪明才智和努力，从小学上了中学，在大阪府之茨木中学仍然孜孜不倦地埋头于文学书籍之中。"在中学二年级时，康成的作文在班上是超群出众，首屈一指的。"而且从这时起他已经尝试创作，立志成为小说家了。在1917年3月，川端康成在茨木中学毕业，他本来想报考庆应私塾和早稻田高校，但是在中学四年级以后由于忙于写作等原因，成绩有些下降，有的老师和同学开始看不起他。内心强韧、自尊心极强的川端对此十分敏感，他一变初衷，毅然决定报考东京一高——这所首屈一指的名牌高中。当时不少好心人劝他不要逞强，因为这所中学尚没有考入东京一高的先例。但是川端执意不肯，似乎非弄个鱼死网破不可。他自己说"主要原因，就是要对蔑视我身体虚弱，智力低能的教师和同

学进行报复。"就这样他考上了一高，之后又进入了东京帝大（先入英文系，后入国文系。）

青年时代是人生最重要也是最富浪漫色彩的时期，爱情、事业、工作都会接踵而至地摆到每一个青年的面前。那么，是什么命运在等待着川端呢？

我们先看看川端的爱情生活吧。由于川端康成是一位"天涯孤儿"，他比一般人的更渴望人间的温暖，同时也更赤诚地从心底里感激这种温暖。"点滴之恩，涌泉相报"这是川端内心世界的写照。

爱情，是每一个人一生中都要遇到的最重要的问题之一。奥·倍倍尔说过："在人的所有自然需要中，继饮食的需要之后，最强烈的就是性的需要了。"（瓦西列夫《性爱论》18页）路德也说过："如果有人想抵抗自然的需要，因而不去做他想做和该做的事，那就犹如一个人希望自然界不再是自然界，希望火不会灼人，水不会打湿东西，希望人可以不吃饭，不喝水，不睡觉一样。"（同上）川端康成作为一个活生生的人，何尝不是如此。他在中学念书时就曾对一个声音特别好听的女孩产生好感，每听到这女孩的声音就犹如聆听来自天国的音乐。大概是川端的独特的人生经历，从一开始他对女性的爱就具有一种稚纯、痴情和怯懦的特点。他在家庭里没体验过母爱，也对异性一无所知，为此他在爱情生活上毫无精神准备，在相当大程度上是一种本能的要求加上精神上的游弋的结合，这必然带有心理特色。

川端康成在爱情生活中经历过和四个都叫千代的女孩的接触。

第一个叫山本千代。山本千代的父亲山本松曾借给川端的祖父一笔钱，在川端祖父去世后，他曾亲赴学校让这孤儿在借据上重新签字画押。川端康成曾在处女作之一的《千代》中有记载："田中千代松（即山本松——笔者）曾两次到我念书的中学宿舍找我。他让我把祖父的借款凭证换到我的名下，而且连本带利，必须在今年的12月份还清。" 显然这对于尚在幼年时代的川端的心灵所承受的不仅仅是金钱的压力，更残酷的是一种屈辱感。人们自然对此很义愤，都叫山本松为"魔鬼"。也许是出于内疚，山本松去世前悔悟自己的这一所作所为，他在遗言中让他的女儿千代给川端送来50元钱，千代还邀请川端到她家中做客，说"你就把我的家看作是你自己的家吧。随时都可以来！"这令川端感激涕零。没有得到过异性之爱又异常敏感的川端，怀着万分渴望，接受了这一好意，犹如久旱的田地洒下甘雨，霎时促发了他的恋情。然而，这不过是川端的"自作多情"，这位千代并无与川端相同的

想法。这显然是川端在爱情生活中尝受的第一次苦果。

第二位千代就是川端在《汤岛回忆》中所记述的一名少年舞女。那是在 1918 年川端初入一高以后的事。也许为了排遣对山本千代单恋的失意，他拿着山本松给的那 50 元钱，于 10 月 30 日到美丽的伊豆半岛做了一次旅行。他自己追忆说："我在伊豆的温泉浴场转了十多天。在这次旅行中，我认识了一位叫大岛育的可爱的舞女——当然认识的不只她一人，是她们那一行人，不过现在想起来，想说说的只是这位少女罢了。她的同伴喊她——'千代'。"尽管与这位千代邂逅相逢，双方颇有情窦初开的心态，然而这终究是太稚嫩的遐想。结局当然只能是与这位千代永世参商。

经历过这两次失意，川端已经饱尝了人生苦旅的艰涩。也许为了转移一下苦闷的心情，他又熟悉了一位酒店的女服务员，她居然也叫"千代"。又是一阵发自内心没有一点矫情的热恋，然而对方是已有未婚夫的女孩，川端只好自己扑灭心中的这股热恋之火。

1920 年，刚刚入了东京帝大的川端康成备受朋友的关心，他们多么希望有温柔贤惠、善解人意的女性来到川端身边，给他以温暖，照亮他扭曲的孤儿的心田。他结识了伊藤初代。初代是岩手县人，在当地读音这"初代"竟也念成"千代"。好友三明永无陪他去岐阜见这位"千代"。已被收作岐阜县澄愿寺主持养女的"千代",见到川端表示了好感,川端请她在长良河畔一家旅馆用餐(三明永无作伴),谈吐也落落大方。在言谈中表露了以身相委的衷曲。川端康成简直喜不自胜。他望着"千代"清秀的脸庞,她成了他心中的偶像。在川端看来他已经得到了爱,对于他来说不啻是获得了一切。天真、稚纯的川端脚下生烟地返回东京,将这一喜讯告诉给他的一切朋友和关心他的人,他沉醉在无限的喜悦之中。这是1921年9月16日,这一天在川端生涯中该是永远不会忘却的。

10月8日,川端同三明永无再次去岐阜,千代在他面前作了"我没什么可说的,如果你要我,我太幸

←日本东京大学,川端康成早年曾在此求学。

福了"的许诺，他们订了婚约，并于翌日拍了订婚纪念照。虽然川端的亲属有人反对（因为女孩家境贫寒、门第低下），但川端这位一向随和的人一反常态地反驳说："不能说大学秀才娶大家闺秀就幸福，娶贫家姑娘就不幸福嘛！"他曾在文字中发过海誓山盟，对这位少女（只有16岁）的爱坚定到"落日可以复出，山岭可动"的惊心动魄的地步。这次回到东京的第四天，他去恩师菊池宽的家中向他报告这一喜讯。菊池宽对于川端不仅在文学创作上备加关心，在生活上也照顾得无微不至，川端称他为自己的大恩人。菊池宽笑眯眯地告诉他，要成家了，当心身体，而且慷慨地答应每个月给他50元钱作为补贴（相当于川端每月的助学金），又因为出国在即，菊池夫人回娘家住，房子可以借川端一年。川端热泪盈眶，他高兴得忘却了那一天是怎么回到住处的。

　　但是，万万料不到的是11月7日，川端收到了千代的一封非常突然的信："我虽然同你立下了海誓山盟，但是我发生了'非常'的情况，我绝对不能告诉你，请你就当这个世界上没有我这个人吧……"这真如晴天霹雳，他毫无准备，他丢魂似的找三明永无再去岐阜。但那位"千代"冷漠得很，后来似乎稍有转机。但在11月24日再次接到千代的一封信，那是一封决绝、不尽人情的信。这段只有一个多月的恋爱彻底告吹了，霎时的昙花成为几片残红，他的心紧缩、颤栗，变得冰冷。这次稚纯的初恋给他心灵留下的是永世未能磨灭的伤痕。然而，川端并没记恨这位少女，本来就有宿命观的川端只是哀叹自己命运不济。"她不是故意坏我，是莫名其妙的破裂，但我内心却掀起很大波澜，几年中仍然难以忘却。"他迷信地认为这是"千代祟"，也许这几位千代都是冥冥中来的幻影，并非世上的少女，他自然得不到真实的爱。他认为这一切都是命中注定，这几位少女又都是丙午年生人，命运多舛，是难以与人愉快结合的。

作为已经踏上文学创作途程的川端，他不能不把这心中的悲歌唱出来以作慰藉。在无边的苦海里，他寻觅的是达到彼岸的方舟，毫无疑问，这只能是"爱"。

川端虽说经历过与四位少女的相识，甚至与伊藤初代订过婚，但是正如他坦率地说过的："虽然口头上应允要结婚，但是我对这位少女连个手指头也没碰过。"他的"恋爱"体验实际上只停留在精神上的遐想层次上。为此，他一系列作品中的少女都被神圣化，被升华，她们是无邪的爱的指代。诸如《篝火》《非常》《南方之火》《米雪》到《伊豆的舞女》是个长长

的系列。在这些作品里，他抒发了初恋的苦情，但他发自内心的是爱的渴望与升华，他唱给人间的还是爱的颂歌。这一经历与他一生的创作结下了如影随身的关系。

如果不太经意也许会把《伊豆的舞女》仅当成一篇写一对情窦初开的少男少女的朦胧的恋情的小说。确实在小说里写了那位高校生与巡回艺人中的14岁舞女的邂逅，似有似无的恋情，最后那种情牵思连的别离，缠绵悱恻。然而，如果反复阅读，再了解作品外在的一些材料，阅读者就不会满足于这些接受了。在作品里有这样的文字：

对她们，我不好奇，也不轻视，完全忘掉她们是巡回演出艺人了。我这种平平常常的好意，似乎深深地沁入了她们的心。

可以看出，这里跳动的是一颗纯稚的爱心，是对世间尊贱之别的超越。同样，作品中的"我"得到的是爱的回报：

"当这伙巡回艺人发现林荫遮盖下的岩石缝里流出的清澈泉水时，舞女们跑过来告诉他：'下面有泉水呢，请快点喝吧，我们都等着你先喝呢。''来，您先喝吧。把手伸进去会搅混的。在女人后面喝，不干净。'而且当这几位巡回艺人说悄悄话时不掺杂一点虚假地说他'是个好人'。'是啊，是个好人的样子。''真是个好人，好人就是好嘛。'"时，他的心泉涌流的是无限的欣慰，作为一个苦海里泡大的孤儿，来自外界的一点爱都重如泰山，他对于别人的爱心必然是"投我以木瓜，报之以琼瑶。"正像作品里写的：

> 我已经20岁了，再三严格自省，自己的性格被孤儿的气质扭曲了。我忍受不了那种令人窒息的忧郁，才到伊豆来旅行的。因此，有人根据社会上的一般看法，认为我是个好人，我真是感激不尽。

因此，在这种心态下《伊豆的舞女》中的"我"与少年舞女薰子之间就不单单是萌发恋情的问题了。

这位少女的形象被醇化了，被诗意化，她成为"我"心中的温暖的阳光，洗涤他心态的清泉，是他生命的活水。只有这阳光照进他的心田，他才具有生命的活力。同时作品里写了这位高校生曾在潜意识中有过污浊的一闪念，他曾有过若是占有她那该多好的念头，但很快就做了反省。他在内心已把自己当作少女的卫士，无限珍视她的处女性。他害怕这位纯贞少女失身，为此，在夜雨的舞会，他在住处屏思静听少女的鼓声。"……女人刺耳的尖叫声像一道道闪电不时地划破黑的夜空。我心情紧张，一直开着门，惘然呆坐。每次听见鼓声，心胸就豁然开朗。""鼓声一停，我就无法忍

→《伊豆的舞女》故事发生地——伊豆半岛

受，我完全被凌溺在这雨声的深处。""我心烦意乱，那舞女今夜会不会被玷污呢？"

这里与其说是恋情，莫如说是一种近似偶像崇拜之情，而这两点又难解难分地交融在一起。为此，川端康成特别写了这位少女在野浴时的情景：

一个裸体女子，突然从昏暗的浴场里头跑了出来，站在更衣处伸展出去的地方，做出一副向河岸下方跳去的姿态。她赤条条地一丝不挂，伸开双臂，喊叫着什么。她，就是那舞女。洁白的裸体，修长的双腿，站在那里宛如一株小梧桐。我看到这幅景象，仿佛有一股清泉荡涤着我的心。我深深地吁了一口气，扑哧一声笑了，她还是个孩子呐，我更是快活、兴奋，又嘻嘻地笑了起来。脑子里清晰得好像被冲刷过一样。脸上始终漾出微笑的影子。

根据日本学者长谷川泉的研究，这段描写借鉴了俄国作家阿尔志跋绥夫的《沙宁》中对美女卡尔沙伊娜野浴时那段描写。然而经过川端的改造已经与阿尔志跋绥夫迥别，这里已不存在一点肉体的猥亵味道，而只有思想无邪的诗意的崇高。尤其作者把少女的年

龄限定在 14 岁，这在那个时代是处女年龄的绝对标志，具有不许被人亵渎的意味。

"我"的心一直到与这少女分别时还在被进一步净化，"无论别人如何亲切地对待我，我都非常自然地接受了，产生了一股美好而又空澄的感觉。"为此，他充满爱心地答应陪同一位老婆婆一起乘船，护送她回家，又一见如故地和一位少年亲如兄弟地睡在船上。

"在黑暗中，少年的体温温暖着我。我任凭泪泉涌流。我的头脑恍如变成一池清水，一滴一滴溢了出来，后来什么都没有留下，顿时觉得舒畅了。"

在这里川端演奏的是爱的抒情曲，它固然是通过少男少女的爱的萌动触发的，但是，那根底还是在苦海浸泡的心对于整个人类的一曲爱的奉献之歌，对于川端来说它是渡过苦海的舟楫，也是企盼的无限的光明。

诚然，在川端的人生历程里，随着年轮的增加，他的作品笼罩着阴暗的死亡的灰色。如果对他的爱心无视，我们所把握的川端则将是片面的，不完全的。然而，由于将死与生模糊是川端的人生理念，他的一生始终吟唱的还是一曲复杂的爱之歌。不过他对爱的执著几经变化，有的时候几乎让人难以辨认出来罢了。

勇于探索

只有新才有价值。重复的东西我们不需要。

——列维坦

川端康成步入文坛正是大正末年至昭和初年，是第一次世界大战结束，俄国十月革命胜利之后，是世界风云变幻的重要时期。日本经过1868年开始的明治维新，对西方实行开放，西方文化和各种文艺思潮纷

日本的民俗活动

至沓来，激烈的碰撞使日本文化发生巨大的变化。作为第一个走上资本主义道路的东亚国家，它的传统文化面临着挑战。

从明治时代伊始，日本文坛对于西方文化就存在不同的态度和选择，有人固守传统，对西方文化持否定态度，这些人被称作"保守主义"者；也有人主张全盘西化，甚至连语言文字都想改用洋文洋语。当然有识之士认识到要步入现代必须学习西方文化，融西方文化于自身，同时又要坚持自己的优秀传统，创造新文化。

明治时代的文学巨子夏目漱石、森鸥外就是其中最有代表性的作家。森鸥外在《鼎轩先生》一文中说："我把日本的现代学者分为一条腿走路的学者和两条腿走路的学者。""一条腿走路的学者的意见是偏颇的。因为是偏颇的，所以一用于实际就会出现问题，听从东方学者的会过于保守，听西方学者的就会成为激进的。"然后他断言在日本需要的是："两条腿各立足于东西方两文化的学者。"而且赞赏鼎轩先生"以西方文化之眼光观察东方文化，想取彼之长以补我之短。"的高明见解。如果我们多接触一下日本近代作家对待东西文化的态度这一问题，会发现持这一态度的作家还是很多的，而且是日本近代文化发展的主流方向。

在这种风云变幻的时代，各种思潮冲击着每一位作家。

川端康成是其中勤于思考又颇有主见的一位。他在复杂的环境中把握着自己的方向。在 20 世纪 20 年代，任何一位东方作家如果直面世界的变化就不可能无视西方各种文艺思潮的存在，尤其对与现实主义相对应的现代主义文学思潮决不会充耳不闻，川端也不例外。他自己曾总结说，他经历过一段简单地移植西方现代主义文学的过程。但是，可贵的是川端总是勇于探索，以强韧的精神走出一条自己的路。

众所周知，川端康成是日本新感觉派代表作家。日本的新感觉派是以 1924 年 10 月创刊的杂志《文艺时代》为中心一批新进作家组成的团体。除川端康成是创始人、核心人物之一，还有横光利一、中河与一、片冈铁兵、今东光、十一谷义三郎、佐佐木茂索、稻垣足穗、石浜金作、伊藤贵麻吕、加宫贯一、佐佐木津三、菅忠雄、诹访三郎、铃木彦次郎等 14 人。金子洋文、牧野信一、犬养健三人也经常给该杂志投稿。

从该杂志创刊号起由川端康成、片冈铁兵担当了三期责任编辑，他为筹办这一杂志倾注了极高的热情和许多精力。《文艺时代》的发刊词也出于他的笔下。他说："《文艺时代》诞生的目的，是新作家对老作家

的挑战，可以说它是一场破坏既有文坛的运动。""我们的责任是革新文艺，从而从根本上革新人生中的文艺和艺术观念。"其创新精神跃然纸上。

川端康成向西方现代主义投以目光并努力学习借鉴，特别是成为新感觉派的旗手不是偶然的。在日本新感觉派发轫之时，日本的资本主义得到迅猛发展，在城市里消费、享乐文化泛滥。同时在这时期又出现了关东大地震(1923年9月1日)。这场地震对日本方方面面有着很大冲击，正如有的日本评论家在回顾这一历史时期时所说："由汽车、电影、爵士乐所代表的机械文明和美国式的生活方式，滔滔不绝地涌入大城市。在这种变换的高潮中，又发生了关东大地震，使传统的秩序和规范出现了巨大的裂痕。"这种情况必然会使人在精神上受很大刺激，很多知识分子产生一种幻灭感、虚无主义情绪和信仰危机。该派另外一位代表人物，川端的良师益友横光利一说过："大正12年的大震灾向我袭来。同时，我一直信仰的美也在这不幸中突然被毁坏。人们给我起名叫新感觉派也始于此时。眼前的大都市成了茫茫然不可信赖的荒原，在它向四周的扩大之中，汽车这种速度的变化物开始在世上到处乱闯，又出现了无线电这种声音的畸形物，飞机这种模仿鸟类的实用工具也开始在空中飞行。这些都是震灾之后在我国开始产生的近代科学的具体产物。由于荒原上出现了近代科学的先端持续不断而形成的青年人的感觉，是不可能不发生变化的。"横光利一的话是可以代表川端康成的。这种迷惘、困惑之感与西方作家所说的"目标不再是现实的再现，而是对于解体的现实进行各自孤独的幻象的再创造。"同出一辙。现代主义文学的开创者艾略特将这种幻象叫作"荒原"，新感觉派作家的话与之有异曲同工之妙。日本新感觉派作家是日本的西方文学风潮的风气之先者。可以说日本新感觉派是在日本资本主义社会急速发展同时又必然暴露出潜在的危机的产物。这种意识一般来说首先反映在敏感的青年知识分子中，川端康成是一个有着锐敏感觉的人，在探索中捕捉住这种感觉，并把它表现于笔端是顺理成章的。

另外，在川端康成成为新感觉派之前日本文艺界其他领域已率先接受了西方现代主义文艺思潮。如在绘画上，普门晓、中川纪之、古贺春江、神原泰、吉田谦吉等都开了日本现代派绘画的先河。接着在电影、戏剧方面又使西方现代派艺术大放异彩。在大正10年就上演了《加里加里博士》，大正13年上映了《早晨到夜半》，表现主义电影《加奈市民》，到引起轰动的《海战》和恰佩克的《机器人》，西方现代派

→法国达达主义诗人保尔·穆杭

艺术已经显示出一种席卷各个文艺领域之势。在这种形势下文学作品受其影响只是时间和程度的问题了。

在新感觉派出现之前，日本现代派诗歌先驱崛口大学在大正13年7月翻译了法国达达主义诗人保尔·穆杭（Paul Morand）的《夜开了》，第二年又译出了《夜上锁》。这两篇作品在日本文坛起到了惊世骇俗的作用，其原因并非在于它是什么"名著"，而是作品里透露出的"敏锐的感受性和观察力"，别开生面。穆杭是将"感觉的逻辑"代替了"理性的逻辑"。比如《夜开了》里写道："一张红方块，顺着我张开的口，进入喉咙深处。花牌之战。花园悬浮在空中又消失了。"这种奇警、简洁、华丽、充满感觉色彩的文字使日本读者耳目一新。

前面已经说过，川端康成是位十分敏感的作家，他也特别善于表现人的内心复杂、纤细的感觉。正如长谷川泉先生在论述他的《十六岁（十四岁）日记》时所说的：这篇作品已"显示了未经雕琢的新感觉手法的萌芽。"虽然新感觉派出现在其后很多年，但一种相通的东西却早已孕育在川端心底，那就是表现自己复杂的人生感受，而且不落俗套。川端在这篇作品里写护理病危的祖父，既有写实的素描，也有内心感受的表现。

《招魂节一景》被称作是川端康成登龙门之作，也是他在文学中勇于探索的丰硕成果。这篇作品发表于大正10年4月第六次《新思潮》第二期上。《招魂节一景》描绘的是江湖马戏团女演员的辛酸和庶民们在招魂节中的民俗画。从作品的一开头川端就不断地将变幻的感觉传达给读者。

　　秋高气爽，一切噪音很快地直上云霄。然后，传来了有人哗啦啦地转动着细钢丝编织的筒状器具炒豆子的声音。隔着马戏团帐篷的马路对面，她看见一个女人用右手摇动着器具，露出了一只瘪气球似的乳房，让章鱼头般的幼

婴吮吸着，她丈夫在同一个摊上用长铜火筷灵巧地翻动着网上的栗子。

在这段描写里充溢着华丽气氛中的忧愁，在节奏变换中，抒发的是一种底层庶民的愁绪。

那位光彩耀人的马戏明星樱子曾是多么引人注目，她自己也似乎有过春风得意之时。"樱子双手拿着点燃了火的半椭圆形铁丝圈的两头，在团团转圈的马儿的背上，轻巧地表现着独跳火绳，就像女神镶在火焰划出的椭圆形画框里一样，从脚下到头顶罩上一个光圈，艳丽极了。"而她的女伴阿光则是另一番情景。"阿光接过来的铁丝圈，火苗已经燃烧到这圆圈的末端了。与跳绳一样，她把圆圈从后面转到前面，又转到脸部，耳旁响起火焰的扑扑声，火光刺眼，难道今天的火焰要钻进心窝里来吗？她双手顿时完全失灵，失去了平衡。她只好再来一遍。脚下刚越过铁丝圈，她觉得这回只有马儿腾空而起，好像失去了自己的立足地，眼睛也花起来了。"

然而，她们终究是一个藤上的孪生苦瓜。先是阿光在"摇晃的一刹那间，将火焰抛到马儿的眼前，咚地一声把屁股坐在马背上。"接着悲惨的一幕发生了："'啊，赶上樱子了，超过樱子了！'……只有这点阿光清晰地意识到了。这当儿，两匹马儿的腹部相触，微微晃了几下，马戏团明星连同火焰的光圈一起，从马背上摔落下来了。"

这种急节奏的语言确实会使人感到这篇新感觉派出世作受西方象征主义、意识流影响的特点。

在川端康成一生创作中写有147篇"掌上小说"。这些作品是"川端康成文学的重要道标"。从这个意义上来说，要了解川端康成对西方文学的借鉴也离不开对"掌上小说"的探讨。

在川端康成以"掌上小说"开拓文坛的试验场时，在大正14年（1925）2月《文艺时代》发表了中河与一(新感觉派中坚)的《短篇小说论》和《为了以后——被束缚的世界》等文章，对于未来短篇小说的精神与形式作了预测：

从平面向主体性发展

从绘画装饰特点向音乐的构成特点发展

从静向动的发动

极端的技巧性

向哲学的感觉化发展

向有意识没理想化发展

现实主义精神的扬弃向浪漫主义精神的发展

泛阶级意识

　　向虚无的叛逆精神的发展

　　肯定病态的颓废的健康性（快朗性）

　　向世界主义的自我主义发展

　　从以上这些预测中我们已经不难看出新感觉派作家在短篇创作中的"前卫性"，以上各种推测中属于西方现代主义文学作品特质的东西占有绝对的优势。

　　固然我们不能将川端的"掌上小说"机械地分为哪些篇章来自日本古典文学作品的影响，哪些篇章主要受之西方文学而汲取的营养，但是我们还是可以相对把"掌上小说"受西方影响较重的篇章列举出来。

　　日本川端研究家长谷川泉先生在"掌上小说"分类中把《遗容》《情死》《龙宫仙女》《处女的祈祷》《灵柩车》《屋上的金鱼》《女人》《处女作之祟》《盲人与少女》归为"反映超现实的、神秘内容的作品"。我们不妨以《盲人与少女》为例来剖析一下这类作品的特色。

　　《盲人与少女》的情节十分简单，它写的是一位叫加代的少女替姐姐给眼盲的姐夫田村领路的故事。盲人当然是看不见外部世界的，但是他的心同样有一块映进外部大宇宙的明镜，映现出种种人生的幻影。在川端笔下盲人虽然是靠"猜测"来把握世界，但他拥有的世界似乎更为自由，颇有一点天马行空的特色。

在这篇小说里川端与其说在写人生故事，莫如说在抒发人生的感觉更为恰当。在小说的结尾写了加代的姐姐阿丰抛弃了她的盲人丈夫田村，而加代却对盲人的那种独特的敏锐的感觉世界产生了迷恋。"加代最后一次送他到车站，电车驶出车站以后，她感到寂寞，仿佛自己的生活无着似的。她乘上下一趟电车，追赶田村去了。她不知道田村的家在什么地方，但长期牵着田村的手行路，这男人所走过的路，她似乎是知道的。"在这里少女也是凭感觉在认识这个世界的。而且川端康成素来认为少女是最纯真的，在这里就蕴含了很深的寓意。说这种写法是借鉴西方现代主义文学的成果不过分吧。

还有一组反映"空想梦幻想"的作品。让我们看看《信》这篇千字小说吧。作品是篇悼念亡妻的祭文，但是它不是一般的追忆、痛悼之作。作品以现实中继承亡妻文学爱好的侄女作为中介而与另一世界的亡妻进行感情上的交往，这是心灵上的"尽情游戏"。在"我"的心目中"亡妻依然是这样地活着，清醒地游戏着"，"是个现实生活者"。不必给这篇小说定为"意识流小说"，因为在这里也充溢着东方的"虚无"，将生死模糊的特色。但是，它确实是靠联想而成之作，上天入地，浮想联翩，含有"意识流小说"的资质。

　　还有一类表现少男少女之爱、官能与感伤的作品里也反映了新感觉派作品的特点。《男人、女人、大板车》表现了少女少男之间那种稚纯而微妙的感情世界，读过之后对于川端捕捉的来自生活的感情花束不能不深为慨叹。

　　另外在《掌上小说》中有几篇写病态感觉的作品更具有西方现代主义文学特质，如《人的脚步声》《屋上金鱼》《可怕的爱》等。《可怕的爱》是篇极短的超短篇小说，小说表现了一种病态的感觉，一开始就写："他是极端爱自己妻子的。达到仅仅爱此一人的程度。因此妻子在年轻时死去后他认为这是上天对他的惩罚。除此之外他对妻之死亡毫无考虑。"但是，在人世是不可能仅有男性的世界的，于是这个"男人"陷入了极端恐怖之中。最后这种病态心理发展到他只好等待自己女儿(他把女儿认作是妻子的天敌)对着自己喉咙手刃。

　　对于"掌上小说"里所具有的创作机制，川端本人说过这样的话："现代生活，使人们的感受心理越发尖锐、纤细和片断。掌上小说便是它们的火花。"作家还举音乐中的标题音乐和无标题音乐和在画报上看西洋舞蹈听凭自己想象去揣摩各种舞姿来比喻，认为这样的作品才发自内心。也许因为这一原因，著名日本文学评论家小林秀雄说川端康成是"天生的诗人",甚至极端地认为"川端没有写一篇小说"。这种说法也从另一面指出了川端文学中融入了西方文学资质的特点。

川端在其他作品中对于西言现代主义文学的借鉴也是不胜枚举的,我们这里再以平林初之辅、龙胆寺雄对川端《浅草红团》的评价来进一步加以说明。

平林初之辅在昭和4年9月(1929年)发表《现代派抨击》,从他的视点对新感觉派和川端创作进行了分析。他说"如燎原之势席卷最近文坛的是马克思主义和现代主义、现代派情趣的流行,是最近的社会变革所带来的必然产物。""现代主义是欧洲大战之后,在日本是关东大地震以后,旧的生活秩序崩溃过程中产生出来的……在日本产生并流行现代主义也是历史的必然。"而且这种思潮是最受青年欢迎的,龙胆寺雄说:"目前的现代主义是年轻一代的坩埚。虽然也有糟粕,但不能因此就否定它,否定现代主义无非就是否定明天。"龙胆寺雄的话证实了新感觉派在日本出现的必然性及和后来日本文坛发展的关系。他还认为川端的《浅草红团》"是一部反映了生活风俗乃至时代潮流的现代主义的典型作品。"这一点川端康成研究家长谷川泉亦说:"《浅草红团》可以说是吸收了丰富的新感觉派的营养之后写成的作品。"《浅草红团》中没有贯

穿首尾的人物，如果硬要找出一个的话，只能举出《弹钢琴的少女》至《亚神酸之吻》的弓子。后来又有阿春(春子)出场。同时作为它的续编的《浅草祭》是春子的舞台。但是《浅草红团》不像一般写实小说那样具有以最初登场人物为线索的结构，它实际是以浅草风俗贯穿一切，正如长谷川泉先生所说："浅草本身就是主人公"。川端在这部小说中将传统的浅草情调和现代意识巧妙地组织到一起，应该说是日本的现代浅草风俗画。

川端康成不仅是西方文化的勇敢接受者，也是顽强的改造者。他本人曾说过："我们不是乐意去模仿达达主义者的'晦涩难懂'的表现，而是要从中找出理应能导出主观的、直观的、感觉的新表现的暗示来。是企图从陈旧而褪色的、冷冰冰的思想表达方法中解放出来。"对于达达主义，川端指出："有时达达主义的诗，接近单语的无意义的连续堆砌，只不过是心象的罗列罢了。这是诗人头脑里的自由联想的表示。"对于象征主义则认为"象征主义是理智的，那么达达主义就是感觉的。"对于表现主义，川端则命名为新主观主义的表现。他将这些文学流派的因素巧妙地融于东方的"主客如一主义"，作出了独特的创造。

植根传统

> 我们未必说是"我们",我们的祖先还在我们身上存活,如果我们不顺从存在于我们之中的祖先,我们就要陷入不幸。佛教上说的"过去的业"这句话可以说是对这不幸作的比喻的很好的说明吧。
>
> ——芥川龙之介

　　1969年7月,川端康成获得诺贝尔文学奖之后曾经说过:"世界文化犹如万国博览会,同海外各国进行文化交流越来越频繁,势必使本国文化立足于其中。创造世界文化,也就是创造民族文化,创造民族文化也应该是创造世界文化。"人类的历史表明:任何一个民族的文学发展都是合力的结果。文学融合的本身是不间歇的矛盾的运动。所谓世界文学既带有人类文化的普遍共性,同时也必须容纳各民族文学的个性。川端康成从始至终是将自己的创作植根于民族传统的土壤之中,从中汲取营养,结出丰硕的果实贡献给世界。正如他在《美的存在与发展》中援引另一位亚洲诺贝尔文学奖得主泰戈尔的话那样:"所有民族都有义务将

自己民族的东西展示在世界面前。假如什么都不展示，可以说这是民族的罪恶，比死亡还要坏，人类历史对此也是不会宽恕的。一个民族，必须展示存在于自身之中的最上乘的东西。那就是这个民族的财富——高洁的灵魂。要抱有伟大的胸怀，超越眼前的局部需要，自觉地承担起把本国的文化精神硕果奉献给世界。"这段引文揭示了川端的心灵秘密，这也是他一生孜孜以求的方向，而且他果真实现了自己的目标。

川端康成从小就天资聪慧，他嗜读若渴，特别是对于日本古典文学达到如醉如痴的程度。

我们不妨看一看川端的读书世界。在丰川普通高等小学校，他就几乎读遍了学校图书馆的所有藏书，在茨木中学继续如此。他认真阅读的古典文学作品有《源氏物语》《枕草子》《方丈记》《徒然草》《大镜》《增镜》和近松、西鹤等人的作品。他在中学时代的日记里就写有特别喜欢《落物语》的文字。在中学时代他已是读遍颇有名气的《帝国文库》丛书的读书家了。在这套丛书中包含有《真书太馃记》《源平盛衰记》《南总里见八犬传》《膝栗毛》《梅历春告鸟》《通俗三国志》《三马杰作集》《柳泽·越后·黑田·加贺各骚动实记》《京传杰作集》《种彦杰作集》《星月夜镰仓显海录北条九代记》《通俗十二朝军谈·通俗明清军谈》

《甲越军记》《通俗吴越军谈·清楚军谈》《楠廷尉秘鉴》《风来山人杰作集》《西鹤杰作集》《滑稽名作集》《其蹟自笑杰作集》《人情本杰作集》《气质全集》《珍本全集》《亦穗复仇全集》《水浒传》《忠臣藏净璃集》《四大奇书》《大冈政谈》《佛教高僧实传》《讨仇小说集》、《马琴杰作集》等（据长谷川泉《川端康成考》——作者）。在川端的古典世界含有纯文学要素和通俗文学要素，这些都为他后来的创作提供了丰富的营养。

那么，川端所扎根的日本文学传统的土壤有什么特点呢？或者说是什么样的日本文学传统培育了这位作家呢？

首先，我们从川端的人生之旅看到的是佛教对他的至关重要的影响，他的家庭氛围对于他亲炙佛教有着直接的关系。在累累的尸体之中，他向佛教求得人生的解脱势在必行。《文学自叙传》是坦露他创作历程的一篇重要文章，他讲述了自己思想的发展历程。他说："我相信东方的古典，尤其佛典是世界最大的文学。我不把经典当作宗教的教义，而当作文学的幻想来敬重。"他还说："但我的根基是东方人，从15年前开始(写作本文为1947年——笔者)，我就没有迷失自己的方向。我迄今也不曾向别人直率地谈过这些。这是川端家的快乐的秘密祷告。"

日本文化自古就受到中国文化的深刻影响，儒、道、释经过日本民族传统的融合而发展，这也是川端康成所继承的日本民族文化传统。它的特点正如日本文化研究家所说："作为东方的世界观，尤其是日本的世界观，人们认为无论是实在还是自然或人，全都是在同一个存在的意义与位置上成立的。事情也好，世象也好，人也好，全都平等地分着自然的性质。"质言之，"自然就是能够看得见的精神，而精神也就是看不见的自然。"这即是与我国儒、道两家所尊奉的"天人合一"相通的理念。这种自然(宇宙)中心性与欧洲的自我乃至人的中心论是有很大不同的。"在东方人看来，只有感到这种根源性的爱存在于世界之中并从中汲取生命才真正能够形成美的价值。因此就不是什么感性移入而应该说成是感情汲出。"

日本在中世以后形成了"物哀"与"幽玄"的美的理念。"物哀"(もののあわれ)是早在《源氏物语》中出现的，后来著名学者本居宣长(1730—1801)作了总结。虽然对"物哀"的解释众说纷纭，但是对于以下一些内含还是首肯的：本居宣长解释说："在人的种种感情中，只有苦闷、忧愁、悲哀——也就是一切不能如意的事才使人感受最深。"但是这里的哀不仅仅含纳"悲哀"一种情绪，还包含有哀怜、感动、同情、壮美

　　富士山是日本第一高峰，也是日本民族的象征，被日本人民誉为"圣岳"。

的理念。而在文学作品里体现这种"物哀"理念，就会突出地表现为充分揭示纤细、复杂的内心世界。日本学者铃木修次说过："重物哀"的日本文学，与其说注重动荡的情绪，不如说更注重腼腆、娇羞、文弱等情感。不够纤细的作品当然是与'物哀'背道而驰的。"

　　"幽玄"的倡导者正彻(1381—1459)将"幽玄"作为和歌的灵魂和最高理念。他在著名的和歌理论著作《正彻物语》中对"幽玄"作了如下阐述："如此行云

回雪之体，风吹雪花飘然去，雾霭蒙蒙尤见花。情趣无限，飘白无瑕难以言状，此为天上之歌也。"他又在此书下卷《清严茶话》中说"唯飘白之体可称幽玄。""所谓幽玄，乃存于心中而不言于言表也。""若问何处为幽玄，难以回答何处幽玄者幽玄也。""何为幽玄？言于言语，凝思于心而不可言者是也。"我们从这些阐述中不难发现这一理念与东方的禅学是一脉相通的。那种"不落言筌""意在言外"的追求与禅境相同。川端曾不厌其烦地谈过他与佛典的关系，他说："佛教的各种经文是无与伦比的可贵的抒情诗。"他崇奉东方的"无"，他认为东方的"无"不同于西方的"虚无主义"，东方的"无"是无所不包的，是派生万物的"无"，这是一种东方宗教的大悟大彻境地。和这一思想密切相关的必然产生"自他一如""万物如一"的自然盈虚美的审美观。他在《新进作家的新倾向的解说》里作过如下阐述：

　　因为自己而知天地万物之存在。天地万物存在于自己的主观之中。以这种心情去看世界的话，是强调主观的力量，是对主观的绝对性的信仰。这里有新的喜悦在。同时，天地万物之中也有自己的主观在，以这种心情去看世界的话，这是主观的扩大，是让主观自由地驰骋。同时，如使这种思考进一步发展的话，会是自他合一，万物一如。天地万物会失去所有的境界而与精神融合成为一无的世界。同时，万物之中融入主观，万物即持有精灵，换句话说即是多元的有精说，在这里又有了新的补救。这两方向即是东方的古老的主观主义，也是客观主义。不，是主客一致主义。以这种心情来表现世界的话，即是今日的新进作家的表现态度。我虽对别人不得而知，我是如此的。

这种理会和日本民族强烈的四季感、对于天气的细微觉觉都有着血肉关系。川端在《美丽的日本，我》中对道元、明惠、良宽、西行、一休等禅僧诗的引用，最有说服力地证明了这一点。那种"心境无边光灿灿，明月疑我是蟾光"的人月合一的心态，是典型的东方的自然观，它在川端创作中起到了重要作用。

正像瑞典科学院常任理事安达斯·艾斯特林在川端康成获得诺贝尔文学奖的获奖词中所说："他忠实地立足于日本的古典文学，维护并继承了纯粹的日本传统的文学模式。在川端先生的叙事技巧里，可以发现一种具有纤细韵味的诗意。"

　　《枕草子》所具有的那种敏锐的感受性在川端笔下发扬光大，那些色彩斑斓的"掌上小说"里有许多篇章可以称作文学精品。《蚂蚱和铃虫》是其中佼佼者。

　　《蚂蚱和铃虫》以诗意的笔触向人们展示了一个童话世界。一群孩子在夏日的夜里提着灯笼嬉戏，他们捉着昆虫，一个男孩捉到了一只铃虫，他故作姿态地大叫"谁要蚂蚱？蚂蚱！"许多孩子聚拢过来向他伸出手，但是他却不理睬。当一个新凑过来的女孩在他背后低声说："您就给我吧，给我行吗？"时，他故意问这个女孩："这可是只蚂蚱呀！"女孩也满足地说："行啊，您就给我吧。"这时，男孩子直起腰来在女孩面前晃了一下拳头，似乎在说"在这"。女孩把左手提的灯笼绳套在手腕上，两只小手包住了男孩的拳头。男孩轻轻地打开了拳头，把昆虫从女孩的大拇指和食指中间塞了进去。"哎呀，是铃虫！不是蚂蚱呀！"……

　　对于这一极普通的小事，川端以极细腻的笔触剖析了那些看去纤细却极敏感的神经。我们看一看川端所描绘的光的游戏。"瞧，那女孩儿的胸脯……映在女孩胸脯上的绿色的微光中，清晰地幻化出'不二夫'3个字来。原来男孩儿在举起笼子的女孩儿身边，打着剪成透亮花样的灯笼，靠近了女孩儿的白色单衣。灯笼上剪成男孩儿名字'不二夫'3个字的地方贴上了绿纸，它的形状和色彩原样地映在女孩儿的胸脯上。女孩儿的灯笼仍然挂在左腕上，松弛地耷拉下来。虽然不像'不二夫'3个字那样清晰，但在男孩儿腰间附近却摇曳着红色的亮光，细看可以辨出喜代子3个字。这绿色的亮光和红色的亮光在戏耍——可能是戏耍吧——不二夫和喜代子却全然不知道。"这是充满余韵的诗的世界。少男少女之间的扑朔迷离的感情是蕴含在这细腻的描写之中的。作者以无限眷恋之情歌颂少男少女的思无邪。但是那个男孩有点讨人嫌的小聪明却是这诗意境界的一个阴影。人总是要走出童年的，而成年人"对儿童世界憧憬而产生的一种悲哀"则成为人类难解的人生方程式。川端康成以独到的东方审美观，立足于日本民族文化传统，将这些作了出神入化的表现，他的作品不愧为"坚定地立足于日本的传统而开出的灿烂的文学花朵。"（长谷川泉语）川端曾有将《源氏物语》译成现代语本的宿愿，他甚至在战火中也不离该书，但终于未能面世，这实在是很大的遗憾。

"雪国"情思

确切地说，人靠希望活着，除了希望，别无所有。

——卡莱尔

人们都爱把一位作家的传世之作当作他一生的追求来看待，这是很有道理的。《雪国》作为一部只有8万字左右的长篇小说，川端康成从执笔到定稿前前后后却花了14年工夫，这在世界文学史上也是少见的。

那是1934年6月（依据川端康成年谱），川端初访越后汤泽。他是从汤松曾温泉出发，乘坐上越线火车，穿过落成不久的清水隧道，在越后汤泽的高半旅馆下榻。在这里他结识了一位19岁美貌的艺妓松荣，这位妙龄女孩11岁时由于家境贫寒，在不谙世事的情况下被卖到越后汤泽当了艺妓。是这位少女的苦难身世感动了川端，使他要把所怜惜的女性诉诸笔端？还是雪国的风情使川端思绪万千？抑或这里邂逅的一切激起了川端心灵深处的激浪？也许它们都搅和在一起，使川端萌发了他的"雪国"之恋，而且恋情是那么炽烈，

←川端康成的雪国——越后汤泽

那么深沉，那么凄婉。

任何一部优秀作品都凝结了作家的生命，甚至把它作为自己生命的体现，川端康成对于《雪国》尤其如此。我们不妨简略地看看《雪国》创作的历史。《雪国》从1935年1月起至1937年5月止，曾以相对独立的短篇形式发表在《文艺春秋》等杂志上。在1937年6月第一次将其汇总由创元社出版单行本，冠以《雪国》之名。出书以后川端对自己的创作很不满意，他又多次到越后汤泽收集素材，捕捉灵感；还仔细阅读了铃木牧之的《北越雪谱》，为进一步加工作准备。从1940年起，他又陆续在《中央公论》《文艺春秋》发表

续写稿《雪中火场》《银河》两章。但是他本人却认为都失败了。这时节正是日本军国主义侵华战争末期，似乎外界对川端这一作品也未产生大的注意。其实，如果仔细剖析《雪国》及其创作历程，川端康成在这特殊的历史年代里更向自己的作品倾注了无限的情思。战争一结束他把修改稿改名为《雪国抄》《续雪国》，分别在1946年5月和1947年10月重新发表，直至1948年12月创元社出了新版本《雪国》，这才成为定稿本。

川端康成在《雪国》里倾注的是他对人生的苦恋，对爱的苦恋。作为一位卓越的艺术家他的恋情依附于日本的民族文化传统，把他所见、所感诗化，从心灵深处唱一曲悱恻缠绵的歌。可以说《雪国》既是来自现实的(不仅仅是美貌艺妓的生活，也含有作者本人的人生体验)，同时它又是日本传统美、日本风物在"雪国"背景上大放异彩。也许正是因为这种复杂情况，读者往往对《雪国》多有歧义。如果从社会学角度来说，川端虽同情艺妓，为她们争取做人的权力进行抗争，但整部作品的主题并未停留在这个层面上。川端康成是带着对人生的独特思索、对爱的执著追求来抒发他的心曲的。正因为这样，尽管这部小说经历日本发动侵略战争的整个历史时期，他并没有改变创作的初衷，而只是深化其主题，从这里也可以看出川端精神的强韧。

我们可以通过对《雪国》这一小说的分析来看看川端的情思。这部作品若从情节上看十分简单，只是写一个游手好闲之徒岛村三赴雪国去会一个艺妓，又穿插了一个艳丽的叶子，整部作品"几乎没有称得起事件的事情"。我国评论界有人认为这部作品宣扬了颓废思想也是可以理解的。但是，川端本人在谈及《雪国》时却说："也许有人会感到意外，其实贯穿全书的是对人类生命的憧憬。"如果我们理解川端所体现的日本的文学传统(又是经过西方文化洗礼的)，在阅读此书时不把岛村与作者等同，而把他看成一个虚像，"一个空洞"，他因驹子、叶子通过而

日本艺妓。在《雪国》中，川端虽同情艺妓，为她们争取做人的权力进行抗争，但整部作品的主题并未停留在这个层面上。

显示生命的话，我们是可以体味到在书中"有的只是反映细腻的心理阴翳的纤细和经过作者眼光洗涤的《雪国》风物之美。是一种在寂寞的空白中隐藏的无韵的、充满欣慰和渴望的生命气息。"同时，在雪国本身的风物里也可以窥见出场人物的灵魂。同时，从这一风景移开视线的瞬间，正是禅的顿悟的时间线，川端的对生命的赞歌就产生在这里。"他眼前的虚无不是空无一物苍白的无，如果能反过来说的话，这是一种蕴藏极大肯定的襟怀大度的东洋的虚无。"

世界上表现对爱的憧憬的作品是不胜枚举的，优秀之作也不在少数，川端的作品虽然重复这一主题，但他对这色彩缤纷的艺苑又提供了独特的花朵。概言之，他是把日本的传统美经过西洋文化的洗礼后更加发扬光大，以更强韧的风姿向西方展示了东方美的魅力。

《雪国》的中心人物是驹子，从创作过程来说这个人物还有现实模特儿，这不能不说作品里有现实主义成分。

为写《雪国》的风物川端曾多次旅行，为增加实际感受，他尽力从实际生活收集素材。而且他还从《北越雪谱》中确定作品的细节。在这方面川端是下了大气力的。但是川端作为日本文学传统的杰出继承者，为充分体现作品的抒情性，让字里行间充溢的是带有余情美的生命的赞歌。就从驹子来说，她外表的妖艳、美丽与心灵的淳净、悲戚，这处于两极的东西交织在一起，这样就使驹子这个在现实世界"要正经过日子"的女性具有一种扑朔迷离的感觉。

川端既揭示了生活的最深层面（天真的少女在社会的悲惨命运，最有价值、最美的东西被无情世界的吞噬），同时又深化了精神上的"余情美"，作为对人类爱的祈祷，对生命的礼赞，也是川端本人的理想寄托。这种精神上的"余情美"的突出体现是对"处女性"的礼赞。

作品里的驹子"给人的印象是洁净得出奇，甚至令人想到她的脚趾弯里大概也是干净的。""她过于洁净了。"她的肌肤"恰似在白陶瓷上抹了一层淡淡的胭脂。"她的柔唇"却宛如美极了的水蛭环节，光滑而伸缩自如。"在这样的纯真的女子面前连无所事事、以玩女人为乐事的岛村也被洗涤，他认真地向驹子表白："清清白白交个朋友"，这种把他与驹子的关系定格体现的是川端对"处女性"的崇拜，这在他的一系列作品中是反复演奏的主题。如果说驹子的"处女性"能从形而下的意味来把握的话，那么叶子作为一个幻象似的人物则是对驹子"处女性"的一种醇化。她的出现"就像在梦中看见了幻影一般。大概这都是在虚幻

→日本的艺妓在演奏日本的民族乐器「三味弦」

的镜中幻化出来的缘故。"作品还进一步提示读者："镜面映现的虚像与镜后的实物好像电影里的叠影一样在晃动。"叶子的眼睛"同灯光重叠的那一瞬间，好像在夕阳的余辉里飞舞的妖艳而美丽的夜光虫。"她的悲戚而美丽的声音"仿佛是某座雪山的回音。"无论是驹子对人生的执著，还是叶子发出的"我就只看护一个人嘛"的宣言，都是出自"阴阳自然"的处女性，这是世界上最可宝贵的东西。正是它使岛村惊心动魄。而岛村一味饶舌的"徒劳"和驹子、叶子的悲戚，又使这种美涂上去不掉的哀婉，这也就是川端对于人类这宿命难题给予的答案，在这里他唱了一曲东方佛教的"天鹅之歌"。

为了突出体现日本文学传统的神韵，川端康成调动了一切文学手段。在《雪国》中对自然景物的描写又是一个重要方面。

《雪国》的开篇即是"穿过县界长长的隧道，便是雪国。黑夜的底层，一片白茫茫。火车在信号所前停了下来。"这是一幅既真实而又具有象征性的诗的世界。在稍后又有一段严寒的冬夜的描写："仿佛可以听到整个冰封雪冻的地壳深处响起冰裂声。没有月亮。抬头仰望，满天星斗，多得令人难以置信。星辰闪闪竞耀，好像以虚幻的速度慢慢坠落下来似的。繁星移近眼前，把夜空越推越远，夜色也越来越深沉了。县界的山峦已经层次不清。显得更加黑苍苍的，沉重地垂在星空的边际。这是片清寒、静谧的和谐气氛。"在这里川端将人的感情、精神注入这茫茫宇宙，达到变物为我，变我为物，物我一如的境界，这是日本和歌、连歌、俳句所持有的传统。它在《源氏物语》中得到发扬光大，在川端的作品里再现光辉，以感人心灵的亮色射向世界。

川端在《雪国》里痴情地演奏了民族风味极浓的风俗歌。叶子带孩子进了浴室，话语特别亲切，像带着几分稚气的母亲说的，嗓音悦耳动听。

然后，她又用这种嗓音唱起歌来，这就是"拍球歌"。歌词从字面上看似乎与情节关系不大，然而仔细品味，就越会发觉这是一种感觉、人情的契合。它是

那么具有原初的质朴，是源自人类心灵深处的涌泉，甘洌、清澄。听着这天籁之声就会产生一种超越时空的感觉，就会模糊现实的时间，使作品的人与事得到一种无限的升华。这也是东方的"无"的无限魅力所在。

我们论述《雪国》里所体现的日本文学传统并不意味这里就排除了川端对西方文学的借鉴。川端的创作是一个有机整体，他在继承、发扬民族传统的同时也努力将西方现代主义的一些技法融会其中，然后重新创造。《雪国》里充分运用了意识流手法。我们不能说东方没有"意识流"，但是西方"意识流"经乔伊斯的开拓，在现代小说中大放异彩，也不可能不给东方作家以影响。川端在《雪国》里出色的意识流手法可以说既是日本的、东方的，也有西方的因子，因而它也是立足于传统沃土长出的新葩。

川端康成继承日本文学传统，又将西方文化融合于自己作品之中，在相当大程度上取决于他运用语言的功力。正如著名语言学家沃尔夫所说："一个人的思想形式是受他所没有意识到的语言形式的那些不可抗拒的规律支配的。"探索川端展现东方美的奥秘，不能不重视他对语言魅力的远见卓识。他说过："人过分相信语言，产生不了新的表现。""人的精神不限于在人拥有语言的范围之内活动……要做稍微深入的精神上的探索，马上就会完全越出语言的彼方。"他甚至断言："文艺史上的一切新文艺运动，新表现形式的出现，从一个方面来看，我认为都是一种愿望的爆发，即人的精神从语言的不自由的束缚中解放出来，企图找到精神通过语言能够完全自由地表示出来这样一种浪漫运动。"川端所揭示的规律，既是世界各民族作家共性的共同规律，同时尤其为日本古今作家非常重视的问题。日本作家非常重视"含蓄美"，那种朦胧美为日本人所倾倒，川端康成在他的创作中将此推向极致。我们还以《雪国》为例。《雪国》开始是以连载的形式

日本新潮社纪念文学馆川端康成的小说《雪国》雕像

发表的，连载第一回《黄昏之镜》里并非以"穿过县界长长的隧道……"开篇。开始，是以岛村为艺妓驹子所吸引，进行了一页半左右的回忆开篇。

　　手指抚摸她湿润的头发的感觉——至今记忆犹新。只是为了把这生动的记忆告诉她，岛村就乘火车做了这次旅行。"你在笑吗？笑我吗？""我没有笑啊？"

　　而且在发表时还有隐字。后来出《雪国》单行本时，这些文字全部删去了，以突兀的"穿过县界长长的隧道……"开头。川端对于《雪国》的修改达到了千锤百炼的程度，对比初稿和定稿可以看出，他为了创造出多彩的爱的心理阴翳，尽力捕捉瞬间即逝的东西，让文字表现更为含蓄，更近于诗，让读者充分以想象充填，以这种"余情美"去拨动人的心弦。即"削去主观臆测、说明部分"，"使技法含而不露"，这与川端康成本人的"艺术的内容是什么？""那是人的感情"的宗旨完全吻合。而这一点正与禅的"得意而忘言"吻合。著名禅学大师铃木大拙说过："禅尽量避免使用居间媒介物。"也许由于这种原因也产生了阅读川端作品的歧义性。如果把他的作品情节看得太"实"，就难免削足适履。他本人说过："从《雪国》的整体来说，也许读者以为是事实的，却出乎意料是作者的空想；以为是空想，反而倒是事实。"这种虚虚实实，实实虚虚的特色，恰是他献给世界文坛的东方美。川端的一些作品是有模特儿的，一些研究者对此也颇下功夫，川端对此从来报以苦笑。可以说川端作品的情节颇像禅宗的"公案"。川端对待乔伊斯，则认为他是在矛盾中挣扎："东方理应还有与乔伊斯相悖的另一种传统的方法，那就是通过对语言的不信任而运用语言的传统方法。"这正是包括我国在内的汉文圈国家文化传统的"不著文字，尽得风流"的东方艺术真髓，也是川端向西方展示的日本乃至东方的艺术风华。

日本福冈市的"博多咚打鼓节"上的女性表演者

回归之梦

日日爱山归已迟，闲闲空度少年时。余身定居林中老，心与长松片石期。

——灵徹

任何一位伟大作家都生活在现实之中，他们不可能回避现实中所发生的左右人类命运的那些重大事件，川端康成也不例外。

前面已经多次谈过川端有苦难的童年、失意的恋爱、亲友的生离死别，这一切都不能不使他的性格更加内向。在他创作的重要阶段又是日本军国主义发动侵略战争，给包括日本人民在内的亚洲各国人民带来沉重灾难的动荡时期，毫无疑问这对川端康成的创作也具有不可低估的影响。人们已经充分注意到川端康成虽然不是反战作家，但是他也没有为这场不义的侵略战争张目。他虽然对于马克思主义如"隔雾看花"(川端康成语)，但他并不反对普罗文艺。如果我们将他的言论、活动，特别是创作连串起来看的话，他是以自己独特的方式面对现实的。

　　川端康成在日本发动侵略战争期间也写了一些涉及战争问题的作品，如《生命之树》，这是他在日本战败之前以海军报道班成员身份赴鹿儿岛鹿屋飞行基地采访一个多月的成果。还有《山之音》《东京人》《林荫树》《石榴》《竹叶船》等作品也与战争时期社会情况有关。至于《寻访〈日本的母亲〉》和《英灵的遗文》更与战争有着密切关系。除掉在战争期间的一些特殊因素之外，在这些作品里川端透露出的是一种探索日本民族性格特质的执著，这一点正和他在战争期间，甚至在灯火管制的情况下打开手电筒还把《源氏物语》作为枕边书是一致的。他在《独影自命》这篇文章中说过下面一段话：

　　　　我是个在战争中几乎未受战争影响和伤害的日本人。我的作品在战前、战时和战后也没有显著变化，没有明显的断层。无论是在作家生活还是私生活上，都未因战争而感到不方便。同时，当然我从未像所谓的神灵附体似的对于日本狂信和盲目地爱过。我只不过是以自己的悲寂来哀怜日本人而已。由于这种哀伤彻身彻骨，反而使我的灵魂更加安定了。

　　　　我把战后的自己生命视如余生，这余生已

不是自己的，而是一种日本美的传统的体现。

我这样并不感到不自然。

　　对这段话我们如果不拘泥于字面来理解，所体现出来的是一种从大悲中挣脱出来的解脱。"悲莫过于心死"，川端康成对民族命运的忧虑，对同胞的怜惜，只有以捍卫日本传统美的方式予以表现，这一点更得加强，成为他战后一系列著作的主要着眼点。

　　他妄图使自己处于摆脱一切心灵苦难樊篱的境况，这不仅与他以前的身世一致，又因战争中的体验而加深，为此，在他的心灵中出现一种色彩浓重的回归意识。

　　这种回归意识首先表现一种超越时空的对人类童年的迷恋。在他的名著《雪国》里伴随着叶子的出现，两次让她在古朴纯真的大自然怀抱里唱出发自肺腑的童年的歌。

　　　　蝶儿、蜻蜓、还有蟋蟀，

　　　　　在山上鸣叫啁啾，

　　　　金琵琶、金钟儿、还有纺织娘……

　　当叶子让孩子脱衣洗澡时，她是以"带着几分稚气的母亲"的嗓音唱这些歌的。川端说"这是一首'拍球歌'。她用一种娇嫩、轻快、活泼、欢乐的调子唱着，使岛村觉得刚才那个叶子犹如在梦中出现似的。"

从表面看去，这歌里似乎并没有什么含意，然而恰恰是这种无意又蕴含了一切意。与其说它是语言的表述，莫如说是感情的直露。那是人类纯真的童年的呼唤。它通过具有同样感受的叶子这一女主人公之口在和人类进行超时空的心灵的对谈。这一清丽、激越的声音会把人引向远离尘嚣的人类的起点，那就是东方的"无"。在那里和川端一起凝视……

然而川端毕竟是生活在现代的作家，他也不能将自己的思绪滞留在一个时点。就像从梦中惊醒，当他回到人类进化发展的今天，他的憧憬就会出现各种阴翳，犹如色彩斑斓的绘画，织出的是一幅复杂的人生的图像……

《千只鹤》《山之音》是川端的重要作品，也是引起多种解释的作品，但它们的共同特点都是蕴含川端的回归意识及其矛盾的力作。《千只鹤》和《山之音》都写作和发表于日本战败之后。《千只鹤》写的是以菊治和太田夫人母女的不伦的性关系为主线、以具有象征意义的"志野茶碗"来审视人生情事的一部小说。

作品里写了菊治和他父亲的情人太田夫人有染，与她的女儿文子又有肉体关系。小说里还穿插了一位痣上长黑毛的栗本千加子，又增加了菊治与其他女性关系的复杂性。从现代道德、伦理来看菊治和太田夫人、文子的情爱都是不洁的。但是，正如有的研究家所指出的，川端康成着眼于病态的呻吟，而不是单纯的肉体的宣泄。也就是说，他企图超越世俗的道德规范，而创造一种幻想中的"美"，超越现实美的绝对境界。这一见解说出了《千只鹤》的深层内含。川端本人在本部作品改编成电影时曾发表过一段重要的谈话。他一方面承认《千只鹤》的写作是"以不道德的男女关系为目的"(这是无可否认的)。另一方面他又担心电影对人物这种象征性心理描写"搞不好的话，可能把它露骨地表现出来"。这似乎矛盾的话表现了川端的忧虑，其实这正是窥视川端内心秘密的入门钥匙。

如果我们把川端设计的情节看得较"实"，即时间定格在现实上，毫无疑问菊治和他有关的几个女性的关系则显然是不伦的，是违背常理的，是污浊、充满血腥气的。但是，川端在作品里的时间是在过去、现在、未来三界自由徜徉，这样做就赋予了"菊治在幻想中生活的性格"。正如长谷川泉先生所说：菊治"也可以说与在《雪国》的岛村的位置相似。《雪国》的岛村是当驹子和叶子二人通过他那里才有生的气息的存在。对此，在《千只鹤》中登场人物很多，作为轴心的菊治的活动方式、生活方式，不是以积极的方式来进行生活的那种类型的男子，而是在带有过多影子的幻想中生活。固然在创作技法上来说可以是自由地驾驭时间的便利方法，这与在向前发展的时间中生活的人在生活方式上相比，可谓菊治更为复杂。这种复杂的体现就必然出现这样一种局面，即作者"企图将道德与非道德的矛盾和冲突，加以调和，合二为一，目的在于说明：爱情不管是道德还是非道德，只要出于自然，出于真诚，就是纯洁的。作家在描写菊治同太田母女的不伦关系时，明显地贯穿了他们是两相情愿，不是互相诱惑，'与道德不相抵触'的思想。"要同意川端的这种设想就必须把作品的时间作特别的设定，那就是必须超越现实的时空，回归到人类原初的时点，在那里既没有道德也没有伦理，因为这一切都是时间发展所赋予的，不同时代会有不同的价值观。憧憬人类童年的川端在这里进行的就是这样一种演奏。为了实现这一憧憬，川端在作品中设置了"志野茶碗"、"雪子"和"千只鹤"图案的包袱皮。"志野茶碗"在作品里与其说是个器物，莫如说是个滤器。它像包含一切的"宇宙"，让时空从它那里通过，这才可以显示

出它们的生气。"雪子"作为一个纯洁的少女，已经脱离了具象，她在作品里实际上是一种象征或"代码"，即"女性"。既憧憬人类的童年，让自己的回归意识驻留在人之初的时点，又意识到自己毕竟是现实的人(因为现代作家毕竟要用现代语言来表述一切)，这种矛盾复杂交织在川端作品里自然就产生了使人困惑不解的结构。

川端的这种演奏不是出现在少数几篇作品里，在《山之音》中同样可以看到。

《山之音》从故事情节来说写的是一个家庭的爱的纠葛。已至耄耋之年的信吾从年轻时代就倾心于貌美的大姨子保子，然而这不仅是不伦的念头，而且是一厢情愿的遐想，因为保子早已去世。信吾的儿子修一虽然有身如童女般纯洁、可爱的妻子菊子，但仍然心猿意马，在外边另有艳遇，这使纯真的菊子心里非常难过。菊子追求的是一种现实的合乎伦理的婚姻。由于满足不了她的合理要求，她内心世界非常苦恼。信吾追求不到理想的爱，同样处于一种爱的饥渴状态，这样信吾越是对菊子体现出爱，其性质就越从伦常的界限脱离。在信吾那里，菊子成了保子的替身，在菊子身上寄寓了无限深情，而其负面作用则必然进一步促使菊子对修一的脱离(一直到她作人工流产以示反抗)。这种微妙复杂的关系最终发展到一个危险的限界。作品里设计的信吾的一番话使菊子痛哭,达到了矛盾的高潮。在这之前,信吾买了亡友的能面,让菊子戴上,一下子时间的时点离开了现实。

"戴上艳丽的少年的能面,菊子动了多次,这使信吾不忍正视。"

菊子面庞不大,下颏几乎都隐在能面里了,又似乎看得见又看不见的下颏到咽喉,两滴、三滴、继续流下来……

"菊子!"信吾喊道。

"今天菊子见到朋友,是不是想过要和修一分手的事,做个茶道的师匠什么的?

戴慈童面具的菊子点点头。

"即使分手了,我也呆在爸爸这儿点茶。"

正如评论家所说,在这个限界上已明确地道出了爱的形变与转移。"让菊子戴上慈童能面,信吾作了这是妖精、永恒的少年的说明。所谓妖精、永恒的少年,都是舍弃了具象,连女性所具有的具象都舍弃了,使之表现出的只是幻想的世界。"确实如此,在这一时点上,信吾也同样被舍弃了具象,辈分、年龄、人伦等等统统被舍弃了,这是如偷吃禁果之前的亚当、夏娃的关系。

接着作品开展下去，"从假面的眼睛里边，菊子一定是在盯视着信吾。""信吾对着可爱的朱唇，差一点就吻上去。对于这种自然出现的(重点为笔者所加)不伦的恶情感到心跳不止。"

这种心跳又意味着从停滞、凝固的时点上向现实转移，因为人的意识是可以自由徜徉于古今的。但是生活却是现实的，它只能使人在现实的时点，信吾为此没有敢越雷池一步。这种设计实际上是川端的心理机微的表现。一方面川端留连忘返地在人类的童年故乡里饱尝"爱"的甘果，但同时又不能永驻仙乡，在瞬间他又清醒地意识到他生活在现世，他只能做一种精神上妖冶的游荡。

这种机微贯穿了川端的终生。

《睡美人》和《一只胳膊》是川端的晚年之作。日本评论家把它们也称作"老人文学"。这两篇作品都带有梦幻和现代主义特点，反映出的内容也很复杂。在这里仅就作品体现的"回归"意识来阐述一下。

在《睡美人》里主要人物是67岁的江口，在耄耋之年到一个海边的所谓"睡美人"俱乐部去和被人为地使之熟睡过去的美女同寝的荒唐故事。到这个俱乐部来的老人们"男性生理处于关闭状态"，昏睡的美女也"没有任何精神活动"。在作品里又一次演奏了川端惯用的使时间停滞的操作。"被弄成熟睡得不省人事的姑娘，就算不是停止也是丧失了生命的时间。"包括江口老人在内，老人们来到这里所得到的是什么呢？作品里写道："只有在昏睡的姑娘身旁时才感到自己是生机勃勃的。"江口老人在"睡美人"身旁回忆起人生的梦，似乎给他只剩躯壳的内部注入了新的生命。川端康成在这里造成一种超越时间的境界。在这里老人们"无疑是享受一种非人间的快乐。由于姑娘决不会醒来，老年客人无须为自己的耄耋而感到自卑羞愧，还可以展开追忆和幻想的翅膀，在女人的世界里自由地翱翔吧。"可以说，这里体现的是一种"回归意识"，这种设定不仅仅是让江口追忆逝去的年华，从更深层的意义上来说，也可以是现代人对逝去的人类童年的回归意识。因为在那个时点"爱"是没有什么"背德"的问题的。"难道对于悄悄地到这个'睡美人'之家来的老人们来说，恐怕不只是为了寂寞地追悔流逝了的青春年华，难道不是也有人是为了忘却一生中所做的恶而来的吗？"没有善恶、道德标准的"爱"只能在人类的童年才存在。只要是人类形成价值观(不管标准如何)人类原初的爱就不复存在。

川端作品反复体现这种"回归意识"的原因是复杂的，其中他个人的人生经历、体验不能不说是一个

重要原因。川端在记事之前就失去了母亲，他是根本不知母爱为何物，甚至连母亲这个概念都是无实感的人。这种扭曲心理使他在对待女人的理解产生一种错位。这类作品如《掌上小说》的《母亲与娼妇》。在这里川端康成把妻子还原成"女人"。因为对于川端来说"什么是母亲一无所知，'母亲'只是在观念世界里存在。'买女人'或者'抱着娶的妻子'足可以感到女性的温柔。同时，那位神经质的青年还说：'我妈妈也是个女人啊。'"

川端康成文学里"从比较早就有使人间关系复原到'性'阶段的倾向，而且对此是肯定的。"前边谈过的《山之音》的信吾与儿媳的关系所隐含的微妙心理，《睡美人》中江口与睡美人的心理阴翳等等均是这种反映。

川端的个人经历、体验为他在作品里展现这种心理提供了条件，这是一个前提。但是，作为作家的川端特别执著追求在他的作品里表现人的纯真的感情，这种纯真与人类的回归意识是一致的。他曾经多次表白自己这样的观点："文艺的内容是什么？""那是人的感情"。具有孤儿感情的川端特别倾心于女人和孩子。他自己多次说："我能真实而直接地写出来的恐怕只有女人和孩子而不是我们男人吧。尽管我们的文坛所欠缺的，倒是成人和男性，但是儿童和女性与自然一样常常是有生命力的明镜，是新的清泉。语言一被女性和孩子使用，就产生一种新的喜悦。"（《来自书的感情》）"女性和儿童只不过有时符合作为川端视为命根子的恋情的对象而已。"正是因为如此，川端康成在创作时进行的是一种复杂的操作，他既字斟句酌地驱使语言，又尽力克服语言的束缚。恰如他自己所说："人的精神不限于在人拥有的语言范围之内活动……要作稍稍深入的精神上的探索，马上就会完全越出语言的彼方。"他力图写出的是一种人的本心、人的原初的心态，这不能不说是回归意

←现代社会的传统回归

识在创作上的操作。

这种创作方法实质是更深层次地对人及人的本性的展示。反映这种人类的趋向在东西方作家中都是有体现的。我国明代著名文学家李贽曾倡"童心说"。李贽的"童心说"核心在于写"人之初""心之初"。他认为人的许多美好的东西被历代的某些学说泯灭了，是残害人类"心之初"的毒素。

与李贽"童心说"相近的西方有马斯洛(A·H·Maslow)的"第二次天真说"。他认为人的心理存在"前道德"，自然的内在的人性有一种"前道德"的倾向存在，人的自然需要也是合理的，"人的内部本性也是好的"。这种学说应用在创作上就主张永远以一种稚纯、鲜活的像儿童一样的直感去捕捉生活。正如有的研究者指出的："儿童的眼光为什么总是充满诗意呢，为什么总能把周围的一切看成是生机勃勃的呢？重要的一点就是他们对周围的世界知之甚少，他们甚至叫不出周围事物的名字，所以他们眼前的世界是陌生的、新鲜的、活泼的，他们所看的、所听的、所触的、所感的都可能是第一次，他们不能不按第一次的新鲜感觉去描绘、去形容、去比喻，这样他们的所作所为，很少文化适应，不会落入自动化，而总是充满创造，他们的想象力也不为世俗所染而超出常规。童心永远与别出心裁的创造联系在一起。"(童庆炳《李贽的"童心说"与马斯洛的"第二次天真说"》见《中外文化与论文》第1期。)任何一个作家永远不会将自己停留在儿童的年轮上，但是那些创造力强、写出人的深层心理的作家总是想方设法突破现实给他的思维定势，使他获得"第二次天真"，再使他在螺旋上升的成熟年轮的认识产生新的"童心"，这就必然给创作带来新意。川端康成很显然深悟此道。他是否读过李贽的童心说或马斯洛的著作尚不得而知，可是这种返璞归真的"童心""第二次天真"的创作美学在他的许多作品中已反映出来，这一点也是值得我们认真研究的。

总之，自从人从自然人走向文化人(形而上的确立有那么一个时点)就离开了他的故乡，开始向漫长的未来前行。在历史的长河中人从低级向高级不断发展，文化的积淀也越来越丰厚。但是，与此同时人类离开自己的故园也越来越远。不管人类向着现代化如何前进，他总是抹不掉这乡愁。"文学"恰恰是最能抒发这一乡愁的手段之一。一些作家自觉不自觉地也把这种情结反映在自己的作品里，川端康成是其中杰出的一位，在这一方面他为世界文学作出了自己的贡献。

临终目光

用你的头脑来了解这个皮相的世界；用你的心灵来探测宇宙人生的底蕴。

——柏格森

　　川端康成继创作出《雪国》《古都》《千只鹤》《山之音》等名作之后，他已经成为誉满日本和国际的名人。他于1944年就获得过菊池宽奖，1952年获得艺术院奖，1954年又获得野间宏奖，1961年再获每日出版文化奖。他从1953年出任艺术院成员——这是日本文学艺术家的殊荣。1961年由文部大臣签发，表彰他领导日本笔会的工作及创作《禽兽》《雪国》《名人》《千只鹤》《山之音》等出色作品，"以独自的样式和浓重的感情，描写了日本美的象征，完成了前人没有过的创造。"而获第21届文化勋章，这已是日本作家在国内获得荣誉的极点。同时他还获得一系列国际文学、文化奖。可以说，川端康成已生活在荣誉与颂扬之中，他的生活与追求都得到了充分满足。尤其是1968年10月17日晚间，一家消息灵通的外国通讯社记者率先挂来电话，通报他瑞典皇家文学院已授予他本年度诺贝尔文学奖的消息，接着上百名日本记者和外国记者接踵而至，身着和服的川端康成面对几十个麦克风，在镁光灯前，在人们的称颂中度过了一个不眠之夜。作为一名作家还有什么能与这种肯定和颂扬相比呢？

然而，极富戏剧性的事件发生了：1972年4月16日午后6时左右，川端康成在湘南海岸的美丽的白色的玛丽娜公寓417号房间含煤气管自杀身亡。自杀地点是他的工作室，通常每周3次，他带着助手岛守敏惠来这里工作，而且一直持续了3个月。但是，在4月16日那天，川端一反常态，他于下午2时45分，只对家人说："我散步去"就只身出走，直到晚9时左右仍未见归来。于是由岛守敏惠去公寓寻找，于9时45分到达公寓，在417室的浴室里发现川端已经故去。

毫无疑问，川端

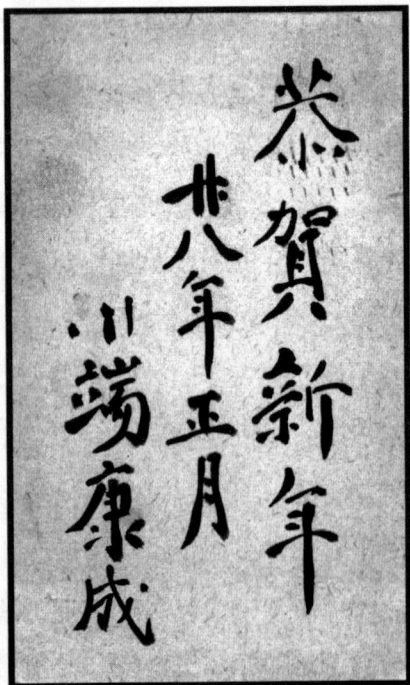

川端康成墨迹 →

恭贺新年
廿八年正月
川端康成

以这种方式给自己辉煌的人生画上句号是令人费解的。按照世人一般的想法，一位已度过苦难的童年、酸涩的青春、艰苦奋斗的中老年的川端，在登上文学的奥林匹亚之后，理应安度晚年，颐享人间之乐。然而，川端毕竟是川端，他走完了自己设定的人生轨迹。对于这一点，日本川端康成研究权威长谷川泉先生在知道川端逝世的噩耗之后写道："当我听到川端康成氏突然自杀的消息时，使我非常有感触的是，正像川端康成作品里生与死往返自如，根本没有明确界限那样，川端本人的一生不也是贯穿着一种超越了瞬间生死相的人生观吗？"

我们了解、认识川端康成对于这一点也必须掌握。

读过川端文学作品的人都会有种感受：他在有些作品里可以说是"生"的热情歌者；可是在许多作品里确实又笼罩着死亡的浓郁色彩。他既为了长寿而恪守长辈对他的"保身"的遗训，活得似乎十分谨慎、小心；然而他又那么不以为然地对待死。他和生者可以侃侃而谈，和死者也可以娓娓道来。他经常徜徉于生死之间。这种似乎非常矛盾的两极却恰恰统一在川端身上，也体现在他的作品里。他使生与死结下微妙的接点，这是川端文学的神髓，也是我们认识川端一生的非常重要的方面。

　　这种扑朔迷离的思想听起来叫人难以理解，但是在川端这里却是明明白白。如果我们看过他的《伊豆的舞女》，能体会到一种那么清新的、犹如嫩芽出土、水出清泉的感受。在那里充溢着"生"的欢乐，"爱"的礼赞。然而，如果我们接着读《抒情歌》，面对"对死者说话这种人间的习俗是多么可悲呀。""然而，我不禁想到：人在奔赴冥界之前，必须以阳世的人的姿态生活下去，这种人间的习俗更是可悲。"的文字则会大惑不解。

　　在这篇奇妙的短篇小说里作者的思绪完全由一个失恋的少女信马由缰地在今世与来生、阴阳两界徜徉，与生者、死者的对话自然流淌出来，体现了"从生至死自由往来，不受任何障碍阻挡"的特点。如果我们稍不留意真不知少女的对谈者是身居人世还是已在冥间。

　　川端的这种模糊生死界限的文字也是融合东西文化以后的产物。他在《抒情歌》里写道："人类的灵魂就像鬼火的火星，不是暂时飞出尸体，而是像一缕香烟，从尸体袅袅上升，然后在天上积聚在一处，把地上的肉体摹写出来，造成这个人的灵体。因此，那个世界的人的姿态，同这个世界的人的姿态是一模一样的。莱蒙特岂止眼睫毛和指纹同生前毫无二致，就是

在这个世界原长虫牙的地方，在那个世界又重新长出漂亮的新牙。"这些文字里充溢的是一种"心灵学"的理念。川端青年时代曾迷恋过"心灵学"，但作为文学家的川端不是仅仅迷恋"心灵学"的结论，同对待佛典一样，他是把"心灵学"也当作抒情文字来读的，在那里寻找心灵的故乡。我们可以看到在《抒情歌》里有类似"特异功能"表现的文字，我想川端未必是在这篇小说描述什么"特异功能"的神童，而是通过这种手段可以更酣畅地表达他能在不同的世界畅游的神思。

在川端的思想深层佛教的"轮回转生"思想是深入神髓的。他曾在《抒情歌》里写道："我所读的是轮回转世的抒情诗。""佛法的轮回转世一说，似乎也是这个世界的伦理的象征。它是这样告诉人们的：前生的鹰变成今生的人，或今世的人变成来世的蝴蝶，或变成佛，全都在今世修行的因果报应。"但是如果把川端仅仅理解成一个迷信者，一般意义上的因果报应的信徒则似乎太浅显了。同在这篇《抒情歌》里川端康成还采撷来许多古希腊的神话传说，如"美貌少年阿多尼斯，为了安慰为自己的死而悲伤的恋人维纳斯，转世为侧金盏花。阿波罗悲叹美貌的年轻人希雅辛斯的死，把情人的情影，变成了风信子。"这显然是把西方神话与东方佛典中相通之处又融接在一起，所以川端在下边写道："多么稀奇啊，火中生出莲花，爱欲中显露正觉。"这两句又恰恰是佛经里的话，"正觉"即正确的悟道。由此可见，川端并非简单地重复佛教经典，他确实是把它当作最大的文学来读，而且从东西文化的融合中悟出人生的真谛。"灵魂不灭这种想法，可能是对生者的生命的执著，和对死者的爱的依恋，因此相信那个世界的灵魂也具有这个世界的那个人的人格，恐怕这是人情的一种悲伤的虚幻吧。"(《抒情歌》)我们不能不佩服川端这双凝视的眼不仅洞察古今，而且穿透生死，只有如此，他才能说出以上这样具有深邃哲理的话。

　　如果顺着这一思路去理解川端康成《临终的目光》这篇重要的随笔，以及在诺贝尔文学奖授奖仪式上的讲演《美丽的日本，我》和他最后在湘南海岸玛丽娜别墅口含煤气管自杀似乎才会不那么困惑。在《临终的目光》里，川端从芥川龙之介、太宰治的自杀谈及了人的生死问题。他强烈地否定自杀。"我讨厌自杀的原因之一，就在于为死而死这点上。"他针对芥川自杀一事反驳道："一个人无论怎样厌世，自杀不是开悟的办法。不管德行多高，自杀的人想要达到圣境也是遥远的。"如果对川端的理解仅仅停留在这里，似乎只看

新文章読本
川端康成

新潮文庫

→川端康成的著作

见了川端的一面，并不是他的全貌。正如长谷川泉先生所说："但是，这只是形式逻辑而已。《临终的目光》《美丽的日本，我》里的东洋的'无'的境界，必须剥去这层形式逻辑的皮来理解不可。这是一篇不能简单地、表面地、武断地理解的文章。这两篇文章是把握川端神髓的重要文章。关键要从虚实之间薄皮膜般的微妙处来把握它的实质。"(见长谷川泉《川端氏的死》)恰恰如此。就是在同一篇文章里，川端又说过这样的话："我觉得人对死比对生要更了解才能活下去。""一切艺术的奥秘就在于这'临终的目光'吧。""'临终的目光'可能还是一种'实验'，它大多与死的预感相通。"这种很矛盾、似乎无法统一的东西在川端那里融为一体，由于他超越了生死界限，他已不把自己的死看作生的终结，而且不是"为死而死"，这种独特的川端哲理必然引导他实行一种"哲理的死"恰如对待"哲理的生"。为此，当我们站在美丽的湘南海岸川端的镰仓故居前，眺望那座白色的别墅，耳听川端故居旁小山丘的房间里传出的三弦琴的悠远乐声，我们也在一瞬间忘却了川端之死，他似乎还活在这个世界上，那瘦弱的身躯，凝视得叫人心慌的目光，朗读自己作品的声音，连手持香烟任凭烟雾袅袅上升的神态都历历在目。……这一切不完全是读者自己的想象所致，似乎是从川端文字中跳出来的东西又在你的头脑里栩栩如生。有时对这种情况会有些愕然，但你仔细沉思，这也许正是川端所说的东方的"无"无所不包，它借助川端的笔流入你的心灵，引导你遨游在一个无垠的世界里吧。别人的作品也许也有这种效果，但恐怕没有第二个作家达到川端这样的极致。也许读者会感到这里太悲怆、阴森、神秘、怪玄，但是，作为人类复杂的情愫，它确实存在于人们的心间，把这些诉诸笔端，也许会让你更加省悟人生，至于如何接受，怎样对待你的生活，我想这就取决于接受者，并不完全由作家本人的创作意图来决定了。

随着时间的推移，川端的美学思想更倾向于民族传统，在许多文章和讲演中这种倾向是十分强烈的，特别是《美丽的日本，我》带有总结和纲领性特点。

如果要深入理解川端的"临终的目光"就必须读透他这篇文章。

川端康成的"临终的目光"又是和禅紧密联系在一起的。《美丽的日本，我》是川端康成在 1968 年 12 月 12 日在接受诺贝尔文学奖时作的演讲。这篇重要的文字不仅是理解川端文学生涯的钥匙，也是他向全世界的心灵自白。虽然他旁征博引，引摘古诗文不厌其烦，致使担当翻译的赛音斯特卡也颇为焦急；但是，如果把川端几近人生之旅终端的肺腑之言细细读来，我觉得这是篇最坦率的文字。

他引用了道元禅师的一首和歌："春花秋月杜鹃夏，冬雪皑皑寒意加。"还有明惠上人的和歌："冬月拨云相伴随，更怜风雪浸月身。"还有西行这位被称作"樱花诗人"的诗僧的"明明皎皎明明皎，皎皎明明月儿明。"这些看去只将自然景物顺手拈来随心所欲之作，表述的内含正如川端康成所说的："与其说他是所谓'以月为伴'，莫如说他是'与月相亲'，亲密到把看月的我变成月，被我看的月变成我，而没入大自然之中，同大自然融为一体。"这就是典型的东方的人生观、自然观，也是审美观。这种观念不仅表述的是人对自然的关怀，而且是"对日本人亲切慈祥的内心的赞美。"

川端是以此作为思考的切入点，而深入谈到人生的死与生的问题的。他接着引了良宽的"绝命诗"；

　　　　秋叶春花野杜鹃，
　　　　安留他物在人间。

这是不假思索的自然天成之句。川端以他独特的悟性说出了对这绝命诗的理解："自己没有什么可留作纪念，也不想留下什么，然而，自己死后大自然仍然是美的，也许这种美的大自然，就成了自己留在人世间唯一的纪念吧。"川端兴之所致继续摘引良宽同样内含的诗：

　　　　彩云霞彩春光久，
　　　　终日与子戏拍球。

　　　　习习清风明月夜，
　　　　通宵共舞惜残年。
　　　　并非逃遁厌此世，
　　　　只因独爱自逍遥。

他认为良宽是具有"临终的目光"的诗人，因为

良宽把自已与天地化一。这和三岛由纪夫说川端康成是"永远的旅人"完全一致。

虽然上边这些大悟大彻的话都明明白白，但是川端正襟危坐似的告诉人们："入佛界易，进魔界难"。而且人生的悟彻又必须懂得"没有'魔界'就没有'佛界'"。联系川端康成对于禅的全面阐述，我们可以看出，他所说的"魔界"恰恰是入禅的最高境界，达到"灭我为无"，之后，就由魔入佛，才是真正的大悟大彻。可是做到这一点并不容易，他警告人们："意志薄弱的人是进不去的。"

川端康成把以上简洁地称作"日本自古以来的传统精神"。他从日本的和歌谈到日本的插花、茶道、庭园、盆景，对于"和敬清寂"的精神阐发得至细入微。他指出，日本人从古代"均由插花而悟道"，并指出这是受禅宗的影响，而且由此唤起了日本人美的心灵。他一生特别推崇的《源氏物语》是体现这种精神的最优秀之作。《源氏物语》对于川端来说达到了铭心刻骨的程度。在川端列举他受影响最深的作品中都凝聚着"日本纤细哀愁的象征"。这一点又是与川端非常相近的。达到这一境界必须具有"临终的目光"才能实现，而且它又是与"东方的虚空"或"无"相通。为此川端康成在这篇演讲的结尾摘引了西行法师的一段话来结束他的演讲：

> 西行法师常来晤谈。说我咏的歌完全异乎寻常。虽是寄兴于花、杜鹃、月、雪，以及自然万物，但是我大多把这些耳闻目睹的东西看成是虚妄的。而且所咏的诗文都不是真挚的。虽然歌颂的是花，但实际上并不觉得它是花；尽管咏月，实际上也不认为它是月。只是当席尽兴去吟诵罢了。像一道彩虹悬挂在虚空，五彩缤纷，又似日光当空辉照，万丈光芒。然而，虚空本来是无光，又是无色的。就在类似虚空的心，着上种种风趣的色彩，然而却没有留下一丝痕迹。这种诗歌就是如来的真正形体。

川端在这里所弘扬的东方的"虚无"是艺术的极致之境，它只有在达到具有"临终的目光"的大悟大彻才可以得到。

川端指出这种"临终的目光"是与西方的"虚无主义"不同的。他曾说过："虚无，把它换成扎根于我们生活中富有现实性的词来说，就是无常，是诸行无常之感。"这种"无常"感是日本文学传统的独特审美

观，是典型的东方美。因为诸行无常的出典是涅养经中"诸行无常，是业灭法，生死天已，寂天为乐。"这恐怕就是"临终的目光"才能达到的境界吧。

　　仔细体会《美丽的日本，我》我们会真切地感到川端用心良苦地把诺贝尔文学奖授奖仪式作为他向全世界，特别是向西方骄傲地自信地弘扬日本文化传统、东方美的魅力的圣坛。无论是从川端人生追求来说，还是对东方美的迷恋，这篇讲演是具有集大成意义的纲领性文字。他身着和服，在神圣的讲坛前完成着一件庄严的使命。他是代表自己的民族向西方、向全世界阐述东方美的魅力。我想此时此刻川端的境界也达到了极致。从他的演讲词和题名《美しい日本の私》来说，他把美丽的日本与自己的关系浑融一体，与其说这里是骄傲、自信、大言不惭，莫如说他已彻头彻尾地把自己融入自己的国家、民族、东方、世界之中，这和他演讲词的宏旨是完全吻合的。瘦弱的川端却以最强劲的声音从斯德哥尔摩发出了东方美的最强音，这一天是具有历史意义的，人们将永远纪念他的卓越贡献。

辉煌纪录

1968年日本作家川端康成以《雪国》
《古都》《千只鹤》三部中篇小说获得了本
年度的诺贝尔文学奖，成为日本文学史上
第一位获得此殊荣的作家，也是继泰戈尔
之后的亚洲第二位获此奖项的作家。

1968年度诺贝尔文学奖颁奖词

陛下、阁下、女士们、先生们：

本年度诺贝尔文学奖的获奖者，是日本的川端康
成先生。1899年，他生于大阪这座工业大城市，父亲
是位颇有教养的医生，对文学也饶有兴趣。由于双亲
的骤然去世，川端先生成了孤儿，自幼即失去良好的
教育环境，由住在郊外、体弱多病、双目失明的祖父
收养。双亲的不幸亡故，从日本重视血统的角度来看，
具有双重意义。这无疑影响了川端先生的整个人生观，
也成为他日后研究佛教哲理的原因之一。

早在日本东京帝国大学求学时，川端先生便立志

要当作家。专心致志、锲而不舍，是置身文学之道。而川端先生可谓范例。27岁时，发表《礼赞青春》《叙述一个学生的故事》的短篇小说，使他一举成名。清秋时节，主人公孤零零一人去伊豆旅行，和一个贫穷低微、受人轻蔑的小舞女邂逅，萌发一缕怜爱之情。小舞女敞开她纯真的心扉，示以一种清纯而深切的爱。这一主题，仿佛一曲悲凉的民谣，反复咏叹，在川端先生以后的作品中，几经变化，一再出现。通过这些作品，表示了作家本人的价值观。多年以后，川端康成先生终于越过日本国境，在遥远的海外也获得了声誉。不过，到目前为止，川端先生的作品译成他国文字的，实际上只有三个中篇和若干短篇。这显然因为移译是桩艰辛难为的工作，同时也由于翻译工作好比一个网眼很粗的筛子，经过这道筛子，川端康成先生那富有表现力的文字，便失却许多韵味。尽管如此，迄今已译出的几部作品，仍能充分传达出川端先生个性独具的典型风貌。

正像已逝的前辈作家谷崎润一郎一样，川端康成先生显然受到欧洲近代现实主义文学的洗礼，同时也立足于日本古典文学，对纯粹的日本传统体裁，显然加以维护和继承。川端的叙事笔调中，有一种纤巧细腻的诗意。溯其渊源，盖源出于11世纪日本的紫氏部所描绘的包罗万象的生活场景和风俗画面。

川端康成先生以擅长观察女性心理而备受赞赏。他的这一卓越才能，表现在《雪国》和《千只鹤》这两部中篇小说里。从两部作品浓艳的插曲里，我们可以发现作家辉煌而杰出的才能，细腻而敏锐的观察力，和编织故事的巧妙而神奇的能力。描写技巧在某些方面胜过了欧洲。读他的文章，令人联想起日本绘画。因为川端极为欣赏纤细的美，喜爱用那种笔端常常悲哀、兼具象征性语言来表现自然界的生命和人的宿命。倘如把外在行为的虚无比作漂浮在水面上的荇藻，那么，在川端的散文中，可以说反映出俳句这种玲珑剔透的纯粹日本式的艺术。我们对日本人的传统观念及其本质，几乎一无所知，似乎无法领略川端作品的奥蕴。然而，读了他的作品，又似乎觉得，他在气质上同西欧现代作家有某些相似之处。说到这一点，我们脑海里首先浮现出来的，便是屠格涅夫。因为屠格涅夫也是位多愁善感的作家，在新旧世界交替之际，他以其伟大的才能，怀着厌世的情绪，对社会加以详尽的描绘。

川端先生的《古都》，也是一部引人注目的作品，完成于6年前，已译成瑞典文。故事的梗概是，幼女千重子因双亲穷苦，遭到遗弃，由商人太吉郎夫妇收

留，照日本传统的老规矩抚养成人。千重子为人正派，对自己的身世已暗自怀疑，促成多愁善感的情绪。按日本民间的迷信说法，弃儿会沦为终身不幸，她常为此苦恼不已。而且，千重子又是个孪生女儿，所以多背负一层受人耻笑的标志。有一天，千重子在京都郊外的北山，遇见当地一个美少女。她发现那正是她的孪生姐妹。娇生惯养的千重子同身材健美、自食其力的苗子，逾越社会地位的悬殊，情投意合，和睦相处。由于两人容貌惊人的相似，闹出一些阴差阳错的误会。故事的背景放在京都，描写了四季节庆的胜景盛事。从樱花盛开的春天到白雪纷飞的冬季，历经一年的时日。因此，东京这座古城自身便成为作品里的登场人物。东京是日本的故都，天皇及其臣僚曾住在那里。千年之后的今天，风流繁华的圣地，以其不可侵犯的地位而保存下来，也是能工巧匠技艺精纯的发源地。并且，现在以一个旅游城市而为人所爱。川端先生以毫不夸张的感伤，动人心弦的手法，敏锐细腻的感觉，将那些神社佛阁、工匠荟萃的古老街道、庭院建筑、植物园内种种风物，予以精心描绘，作品充满诗情画意。

川端先生经历了日本最终的失败，想必他认识到，需要有进取精神，应当发展生产力和开发劳动力。在战后全盘美国化的过程中，川端先生通过自己的作品，以稳健的笔调发出呼吁：为了新日本应当保存某些古代的美与民族的个性。这无论从他悉心描绘京都的宗教仪式，或是挑选传统的和服腰带花样，我们都可以感到他的意向，作品所表现的种种情景，即使作为文献记录，也是难能可贵的。有的读者也许会注意到这样一个极其特殊的细节，即美国驻军在植物园内大兴土木，把园子也长久关闭不开。一旦重新开放，优雅的林荫路，两旁楠木依然如故，有些中产阶级市民便去观赏，看看如今是否还能使那些熟悉这夹道楠木的人依旧赏心悦目。

由于川端康成先生的获奖，日本第一次跻身于诺贝尔文学奖获将国家的行列。这一决定从根本上来讲，有两点重要意义：其一，川端以卓越的艺术手法，表现了具有道德伦理价值的文化思想；其二，川端先生在架构东方与西方之间精神桥梁上，做出了贡献。

川端先生：

这份奖状，旨在表彰您以敏锐的感受，高超的叙事技巧，表现了日本人的精神实质。

今天，我们不胜欣悦，能在这座讲坛上，欢迎您这位光荣的远方来客。

我谨代表瑞典科学院，衷心向您祝贺，并请您接

受将由国王陛下亲自颁发的本年度诺贝尔文学奖。

瑞典学院常务理事　安德思·艾斯特林

1968年12月12日

川端康成的小说《雪国》梗概

《雪国》中的岛村是一个有着妻室儿女的中年男子，坐食祖产，无所事事，偶尔通过照片和文字资料研究并评论西洋舞蹈。由于感觉到工作的非现实性所带来的不安，企图借助旅行来接近自然，以此振作自己的精神，便来到雪国的一个温泉，在这里邂逅了被其视为自然象征的艺伎驹子，并被她的清丽和纯洁所吸引，甚至觉得"她的每个脚趾弯处都是很干净的"，翌年再度前往雪国和驹子相会，希望在同驹子的交往中寻找慰藉，以暂时忘却自己的非现实感。

驹子迫于生计，曾在东京当过雏妓，后被人赎出，回家乡雪国拜师，学习三弦琴，便与三弦琴师傅的儿子行男定了。由于行男长期在东京养病，驹子只好出来当艺伎，以便赚钱支付医院的医疗费用。但驹子真正爱着的并不是将不久于人世的行男，而是浪荡公子岛村。长期的卖笑生涯和不幸际遇严重扭曲了驹子的灵魂，使得她的性格显得复杂而畸形，在倔强、热情、纯真而又粗野、娇艳和低俗的同时，还保持着乡村少女的淳朴，尽管沦落风尘，却不甘心忍受长期遭人玩弄的噩梦一般的生活，想要"正正经经地生活"，渴望获得一个女人应该得到的纯真爱情，并把自己的全部爱情都倾注在了岛村身上。甚至当行男病危、弥留之际，叶子赶到车站哀求驹子回去时，驹子仍坚持要为岛村送行而拒绝回去为行男送终。

岛村最后一次来到雪国，是在飞蛾产卵的深秋季节。岛村心想，在不到三年的时间里来了三次，每次都有一些新的变化。这次也不例外，由于戒烟，驹子腹部的脂肪变得肥厚了。驹子也告诉他，自己一边的乳房变大了。在这天夜晚，岛村了解到，驹子有一个男人，她从17岁那年开始跟了他5年。在她还是雏妓时就替她赎身的那个人死后，她就跟上了现在这个男人。尽管如此，驹子却说她讨厌那个人，而且年龄相差也很大，同他总是有隔阂，常想干脆做些越轨的事，借以与他断绝关系，却又天生做不出来。

两人在给行男上坟时，意外地发现叶子正蹲在坟前，双手合十地祭奠着亡者。几天后，岛村在他下榻的温泉客栈的账房里见到了前来帮厨的叶子，感到自己被这个少女吸引了。尽管驹子是爱他的，但他总有一种空虚感，把驹子的爱情视为美的徒劳。与此同时，

驹子对生存的渴望像赤裸的肌肤一般触到了他的身上。现在，他觉得叶子的慧眼放射出一种光芒，像是看透了这种情况。一天夜晚，叶子为帮驹子送纸条而来到岛村的房间。闲谈中，叶子请求岛村善待驹子，可他却表示并不能为驹子做点儿什么，觉得自己"还是早点儿回东京去为好"。叶子便若无其事却也是认真地请岛村把自己也带到东京去，并询问岛村是否可以雇自己为女佣。

终于，岛村觉得已经到了该离开这里的时候。他漫无目的地游逛了一天后，傍晚又乘车回到了温泉浴场。就在驹子抱怨岛村不带她同行时，突然响起了火警的钟声。原来，是正在放映电影的蚕房着了火。在消防队员喷射出的水柱前，一个女人的身体在空中挺成水平的姿势由二楼坠落下来。这个女人原来是叶子。由于是仰着脸坠落下来的，衣服的底摆被掀在一只膝头上。岛村觉得，叶子并没有死去，她内在的生命正在变形，变成了另一种东西。岛村站稳了脚中抬头望去，银河好像哗啦一声，往他的心坎上倾泻下来。

《古都》故事梗概

小说《古都》讲述了佐田千重子和苗子这对孪生姐妹相离、相遇、相知、相认，最后又相离的凄楚动人的故事。由于家庭贫困，千重子从小被生父母抛弃，幸运的是她被心地善良的绸缎批发店老板夫妇收养，从此就生长在较为富裕的家庭环境中；而妹妹苗子在父母去世后，被收养在一个贫寒的家庭中，现在从事这繁重的体力劳动。千重子无时不在挂念着远方的亲人，在京都北山的杉树林和在传统节日"宵山日"上终于见到了失散多年的妹妹后，千重子无微不至地关怀妹妹，全心全意地为她的前途着想，并且希望苗子来到城里与自己一起生活。在一个夜晚，苗子来到了千重子家，但成长在截然不同的家庭环境、命运迥异的姐妹俩无法改变宿命的安排。苗子知道自己贫民的身份不允许她这样做，为了不影响姐姐的生活和爱情，在和姐姐共度了"一生中最幸福的一宿"后，踏着冬日里天空飘落的细小的雪花，头也不回地离开了。千重子倚着格子窗默默地目送着妹妹远去，此时，四周一片洁白、寂静。

小说《古都》将人物心理与自然景物有机地融会在一起，交织出一幅于情于景、情景交融的醇美的自然画卷。读后感到不知作者是有意为了描写这对孪生姐妹无法重逢的悲惨命运而用京都的风物加以烘托，还是为了更好地反映京都风物中蕴含的美的本质而描写这姐妹俩。

《古都》以季节为题，"春花""秋色""深秋的姐妹""冬天的花"等展现了四季本身自然的美。同时还以四季自然美为背景，把人物、生活情感等融入自然环境之中，和自然事物的美交融在一起，形成情景交融的优雅意境。作品里最突出的是川端康成用紫花地丁来象征千重子和苗子这对孪生姐妹的悲欢离合。第一次写紫花地丁时说明千重子为这两株花的生命所感动，感叹这两株花彼此会不会认识，引起了无限"孤寂"的伤感情怀。第二次写紫花地丁时这对孪生姐妹正相逢，千重子禁不住遐想那上下两株紫花地丁大概是自己和妹妹的象征。最后一次描写紫花地丁时，它的叶子已经开始枯黄，渲染了这对姐妹即将悲离的伤感情调。在这一系列变化中，自然物象的变化过程就是人物心理的过程，人物的喜与悲，都在自然景物中得到了反映。

《古都》是一部上演了悲欢离合的人间"戏"，也是一篇描写古老都市传统美的风物诗。甚至可以这样说，要想了解京都，只要看了《古都》就可以了。京都在公元794至1869年为日本首都，名"平安京"。日本平安时代建设了"平安京"，成为平安时代和室町时代的首都，有着古都特有的文化、古迹、历史文物和独特的风景。

川端康成获奖感言

> 春花秋月杜鹃夏
>
> 冬雪皑皑寒意加

　　这是道元禅师〔道元禅师：即希玄道元，镰仓（1192—1333）初期的禅师，日本曹洞宗的始祖，曾到中国学习佛法，著有和歌集《伞松道咏》等〕（1200—1252）作的一首和歌，题名《本来面目》。

> 冬月拨云相伴随
>
> 更怜风雪浸月身

　　这是明惠上人（1172—1232）作的一首和歌。当别人索书时，我曾书录了这两首诗相赠。

　　明惠在这首和歌前面还详细地写了一段可说是叙述这首和歌的故事的长序，以阐明诗的意境。

　　元仁元年（1224）12月12日晚，天阴月暗，我进花宫殿坐禅，及至夜半，禅毕，我自峰房回至下房，月亮从云缝间露出，月光洒满雪地。山谷里传来阵阵狼嗥，但因有月亮陪

伴，我丝毫不觉害怕。我进下房，后复出，月亮又躲进云中。等到听见夜半钟声，重登峰房时，月亮又拨云而出，送我上路。当我来到峰顶，步入禅堂时，月亮又躲入云中，似要隐藏到对面山峰后，莫非月亮有意暗中与我作伴？

在这首诗的后面，他继续写道：

步入峰顶禅堂时
但见月儿斜隐山头
山头月落我随前
夜夜愿陪尔共眠

明惠当时是在禅堂过夜，还是黎明前又折回禅堂，已经弄不清了，但他又接着写道：

禅毕偶尔睁眼，但见残月余辉映入窗前。我在暗处观赏，心境清澈，仿佛与月光浑然相融。

心境无边光灿灿
明月疑我是萤光

既有人将西行称为"樱花诗人"，那么自然也有人把明惠叫作"月亮诗人"了。

> 明明皎皎明明皎
> 皎皎明明月儿明

这首仅以感叹声堆砌起来的"和歌"，连同那三首从夜半到拂晓吟咏的"冬月"，其特色就是："虽咏歌，实际不以为是歌"（西行的话），这首诗是坦率、纯真、忠实地向月亮倾吐衷肠的 31 个字韵，与其说他是所谓"以月为伴"，莫如说他是"与月相亲"，亲密到把看月的我变为月，被我看的月变为我，而没入大自然之中，同大自然融为一体。所以残月才会把黎明前坐在昏暗的禅堂里思索参禅的我那种"清澈心境"的光，误认为是月亮本身的光了。

正如长序中所述的那样，"冬月相伴随"这首和歌也是明惠进入山上的禅堂，思索着宗教、哲学的心和月亮之间，微妙地相互呼应，交织一起而吟咏出来的。我之所以借它来题字，的确是因为我理解到这首和歌具有心灵的美和同情体贴。在云端忽隐忽现、照映着我往返禅堂的脚步、使我连狼嗥都不觉害怕的"冬月"啊，风吹你，你不冷吗？雪侵你，你不寒吗？我以为这是对大自然，也是对人间的一种温暖、深邃、体贴

入微的歌颂，是对日本人亲切慈祥的内心的赞美，因此我才书赠给人的。

以研究波提切利〔波提切利（1445—1510）：意大利文艺复兴时期的画家。〕而闻名于世、对古今东西美术博学多识的矢代幸雄博士，曾把"日本美术的特色"之一，用"雪月花时最怀友"的诗句简洁地表达出来。当自己看到雪的美，看到月的美，也就是四季时节的美而有所省悟时，当自己由于那种美而获得幸福时，就会热切地想念自己的知心朋友，但愿他们能够共同分享这份快乐。这就是说，由于美的感动，强烈地诱发出对人的怀念之情。这个"朋友"，也可以把它看做广泛的"人"。另外，以"雪、月、花"几个字来表现四季时令变化的美，在日本这是包含着山川草木，宇宙万物，大自然的一切，以至人的感情的美，是有其传统的。日本的茶道也是以"雪月花时最怀友"为它的基本精神的，茶会也就是"欢会"，是在美好的时辰，邀集最要好的朋友的一个良好的聚会。

顺便说一下，我的小说《千只鹤》，如果人们以为是描写日本茶道的"精神"与"形式"的美，那就错了，毋宁说这部作品是对当今社会低级趣味的茶道发出怀疑和警惕，并予以否定的。

春花秋月杜鹃夏

冬雪皑皑寒意加

道元的这首和歌也是讴歌四季的美的。自古以来，日本人在春、夏、秋、冬的季节，将平常四种最心爱的自然景物的代表随便排列在一起，兴许再没有比这更普遍、更一般、更平凡，也可以说是不成其为诗的诗了。不过，我还想举出另一位古僧良宽所写的一首绝命诗，它也有类似的意境：

秋叶春花野杜鹃

安留他物在人间

这首诗同道元的诗一样，都是把寻常的事物和普通的语言，与其说不假思索，不如说特意堆砌在一起，以表达日本的精髓，何况这又是良宽的绝命诗呢。

浮云霞彩春光久

终日与子戏拍球

习习清风明月夜

通宵共舞惜残年

并非逃遁厌此世

只因独爱自逍遥

良宽的心境与生活，就像在这些诗里所反映的，住的是草庵，穿的是粗衣，漫步在田野道上，同儿童戏耍，同农夫闲聊，尽管谈的是深奥的宗教和文学，却不使用难懂的语言，那种"和颜蔼语"的无垢言行，同他的诗歌和书法风格，都摆脱了自江户后期、18世纪末到19世纪初的日本近代的习俗，达到古代的高雅境界，直到现代的日本，他的书法和诗歌仍然深受人们的敬重。他的绝命诗，反映了自己这种心情：自己没有什么可留做纪念，也不想留下什么，然而，自己死后大自然仍是美的，也许这种美的大自然，就成了自己留在人世间的唯一的纪念吧。这首诗，不仅充满了日本自古以来的传统精神，同时仿佛也可以听到良宽的宗教的心声。

> 望断伊人来远处
> 如今相见无他思

良宽还写了这样一首爱情诗，也是我所喜欢的。衰老交加的68岁的良宽，偶遇29岁的年轻尼姑纯贞的心，获得了崇高的爱情。这首诗，既流露了他偶遇终身伴侣的喜悦，也表现了他望眼欲穿的情人终于来到时的欢欣。"如今相见无他思"，的确是充满了纯真的朴素感情。

良宽74岁逝世。他出生在雪乡越后，同我的小说《雪国》所描写的是同一个地方。就是说，那里是面对日本的北国，即现在的新潟县，寒风从西伯利亚越过日本海刮来。他的一生就是在这个雪国里度过的。他日益衰老，自知死期将至，而心境却清澈得像一面镜子。这位诗僧"临死的眼"，似乎仍然映现出他那首绝命诗里所描述的雪国大自然的美。我曾写过一篇随笔《临终的眼》，但在这里所用的"临终的眼"这句话，是从芥川龙之介（1892—1927）自杀遗书中摘录下来的。在那封遗书里，这句话特别拨动了我的心弦。"所谓生活能力""动物本能"，大概"会逐渐消失的吧"。

现今我生活的世界，是一个像冰一般透明的、又像病态一般神经质的世界。……我什么时候能够毅然自杀呢？这是个疑问。唯有大自然比持这种看法的我更美，也许你会笑我，既然热爱自然的美而又想要自杀，这样自相矛盾。然而，所谓自然的美，是在我"临终的眼"里映现出来的。

1927年，芥川35岁就自杀了。我在随笔《临终的眼》中曾写道："无论怎样厌世，自杀不是开悟的办

法，不管德行多高，自杀的人想要达到圣境也是遥远的。"我既不赞赏也不同情芥川，还有战后太宰治（1909—1948）等人的自杀行为。但是还有另一位年纪轻轻就死去的朋友，日本前卫派画家之一，也是长期以来就想自杀的。"他说再没有比死更高的艺术，还说死就是生，这些话像是他的口头禅。"（《临终的眼》）我觉得这位生于佛教寺院、由佛教学校培养出来的人，他对死的看法，同西方人对死的想法是不同的。"有牵挂的人，恐怕谁也不会想自杀吧。"由此引起我想到另一桩事，就是那位一休禅师曾两次企图自杀的事。

在这里，我之所以在"一休"上面贯以"那位"二字，是由于他作为童话里的机智和尚，为孩子们所熟悉。他那无碍〔无碍：佛语，通达自在的意思〕奔放的古怪行为，早已成为佳话广为流传。他那种"让孩童爬到膝上，抚摸胡子，连野鸟也从一休手中啄食"的样子，真是达到了"无心〔无心：佛语，不起妄心的意思〕"的最高境界了。看上去他像一个亲切、平易近人的和尚，然而，实际上确实是一位严肃、深谋远虑的禅宗僧侣。还被称为天皇御子的一休，6岁入寺院，一方面表现出天才少年诗人的才华，另一方面也为宗教和人生的根本问题所困惑，而陷入苦恼。他曾疾呼"倘有神明，就来救我。倘若无神，沉我湖底，以葬鱼腹!"当他正要投湖时,被人拦住了。后来有一次,由于一休所在的大德寺的一个和尚自杀,几个和尚竟被株连入狱,这时一休深感有责,于是"肩负重荷",入山绝食,又一次决心寻死。

一休把自己那本诗集取名《狂云集》,并以"狂云"为号。在《狂云集》及其续集里,可以读到日本中世的汉诗,特别是禅师的诗,其中有无与伦比的、令人胆颤心惊的爱情诗,甚至有露骨地描写闺房秘事的艳诗。一休既吃鱼又喝酒,还接近女色,超越了神宗的清规戒律,把自己从禁锢中解放出来,以反抗当时宗教的束缚,立志要在那因战乱而崩溃了的世道人心中恢复和确立人的本能和生命的本性。

一休所在的京都紫野的大德寺,至今仍是茶道的中心。他的书法也作为茶室的字幅而被人敬重。我也珍藏了两幅一休的手迹。一幅题了一行"入佛界易,进魔界难"。我颇为这句话所感动,自己也常挥笔题写这句话。它的意思可作各种解释,如要进一步往深处探讨,那恐怕就无止境了。继"入佛界易"之后又添上一句"进魔界难",这位属于禅宗的一休打动了我的心。归根到底追求真、善、美的艺术家,对"进魔界难"的心情是:既想进入而又害怕,只好求助于神灵的保佑,这种心境有时表露出来,有时深藏在内心里,

这兴许是命运的必然吧。没有"魔界",就没有"佛界"。然而要进入"魔界"就更加困难,意志薄弱的人是进不去的。

若将佛教按"他力本愿"和"自力本愿"来划分宗派,那么主张自力的禅宗,当然会有这种激烈而又严厉的语言了。主张"他力本愿"的真宗亲鸾〔亲鸾:镰仓前期宗教思想家,日本净土真宗的始祖。著有《教行信证》、《愚秃抄》等〕(1173—1262)也有一句话:"善人尚向往生,况恶人乎",这同一休的"佛界""魔界"在心灵上有相通之处,也有差异之点。那位亲鸾也说,他"没有一个弟子"。"逢祖杀祖""没有一个弟子",这大概又是艺术的严酷命运吧。

禅宗不崇拜偶像。禅寺里虽也供佛像,但在修行场、参禅的禅堂,没有佛像、佛画,也没有备经文,只是瞑目,长时间静默,纹丝不动地坐着。然后,进入无思无念的境界,灭我为无。这种"无",不是西方的虚无,相反,是万有自在的空,是无边天涯无尽藏的心灵宇宙。当然,禅也要由师指导,和师问答,以得启发,并学习禅的经典。但是,参禅本人始终必须是自己,开悟也必须是靠独自的力量。而且,直观要比论理重要。内在的开悟,要比外界的教更重要。真理"不立文字"而在"言外"。达到维摩居士〔维摩居士：大乘佛教经典《维摩经》中居士之名，或谓菩萨的化身〕的"默如雷"的境地，大概就是开悟的最高境界了吧。中国禅宗的始祖达摩大师〔达摩大师：南北朝的高僧，谥号圆觉大师〕，据说他曾"面壁九年"，即面对洞窟的岩壁，连续坐禅九年，沉思默想的结果，终于达到了开悟的境界。禅宗的坐禅就是从达摩的坐禅而来的。

> 问则答言不则休
>
> 达摩心中万般有

一休还吟咏了另一首道歌：

> 若问心灵为何物
>
> 恰如墨画松涛声

这首诗，也可以说是洋溢着东洋画的精神。东洋画的空间、空白、省笔也许就是一休所说的墨画的心境吧。这正是"能画一枝风有声"（金冬心〔金冬心（1687—1763）：中国清代书画家和诗人。他打破宋画的画风，独创新的风格，擅长画竹、风、水、佛像〕

道元禅师也曾有过"虽未见，闻竹声而悟道，赏

桃花以明心"这样的话，日本花道〔花道：日本一种用以修养心神的插花艺术，派别很多，以"池坊派"为最有名〕的插花名家池坊专应〔池坊专应（生卒年不详，约在15世纪初到15世纪中期）：池坊派插花始祖〕也曾"口传"："仅以点滴之水，咫尺之树，表现江山万里景象，瞬息呈现千变万化之佳兴。正所谓仙家妙术也。"日本的庭园也是象征大自然的。比起西方庭园多半是造成匀整，日本庭园大体上是造成不匀整，或许正是因为不匀整要比匀整更能象征丰富、宽广的境界吧。当然，这不匀整是由日本人纤细而又微妙的感情来保持均衡的。再没有比日本庭园那种复杂、多趣、细致而又繁难的造园法了。所谓"枯山水"的造园法，就是仅仅用岩石砌垒的方法，通过"砌垒岩石"，来表现现场没有的山河的美境以及大海的激浪。这种造园法达到登峰造极时就演变成日本的盆景、盆石了。所谓山水这个词，指的是山和水，即自然的景色，山水画，也就是风景画。从庭园等的意义，又引申出"古雅幽静"或"闲寂简朴"的情趣。但是崇尚"和敬清寂"的茶道所敬重的"古雅、闲寂"，当然是指潜在内心底里的丰富情趣，极其狭窄、简朴的茶室反而寓意无边的开阔和无限的雅致。

　　要使人觉得一朵花比一百朵花更美。千利休〔千利休（1522—1591）：安士、桃山时代的茶道家，精通茶术，集茶道之大成〕也曾说过：盛开的花不能用作插花。所以，现今的日本茶道，在茶室的壁龛里，仍然只插一朵花，而且多半是含苞待放的。到了冬季，就要插冬季的花，比如插取名"白玉"或"侘助"的山茶花，就要在许多山茶花的种类中，挑选花小色洁，只有一个蓓蕾的。没有杂色的洁白，是最清高也最富有色彩的。然后，必须让这朵蓓蕾披上露水，用几滴水珠润湿它。五月间，在青瓷花瓶里插上一株牡丹花，这是茶道中最富丽的花。这株牡丹仍只有一朵白蓓蕾，而且也是让它带上露水。很多时候，不仅在蓓蕾上点上水珠，还预先用水濡湿插花用的陶瓷花瓶。

在日本陶瓷花瓶中，格调最高、价值最贵的古伊贺〔伊贺：地名，现在三重县西南，盛产陶瓷〕陶瓷（大约15、16世纪），用水濡湿后，就像刚苏醒似的，放出美丽的光彩。伊贺陶瓷是用高温烧成的，燃料为稻草，稻草灰和烟灰降在花瓶体上，或飘流过去，随着火候下降，它就变成像釉彩一般的东西。这种工艺不是陶匠人工做成，而是在窑内自然变化烧成的，也可以称之为"窑变"，生产出各式各样的色调花纹。伊贺陶瓷那种雅素、粗犷、坚固的表面，一点上水，就会发出鲜艳的光泽。同花上的露水相互辉映。茶碗在

使用之前，也先用水湿过，使它带有润泽，这成了茶道的规矩。池坊专应曾把"山野水畔自成姿"（口传）作为自己这一流派的新的插花要领。在破了的花瓶、枯萎的枝叶上都有"花"，在那里由花可以悟道。"古人均由插花而悟道"，就是受禅宗的影响，由此也唤醒了日本人的美的心灵。大概也是这种心灵使在长期内战的荒芜中的人们得以继续生活下来的吧。

在日本最古老的诗歌故事集，包括许多被认为是短篇小说的《伊势物语》〔《伊势物语》（10世纪问世）：日本平安朝的诗歌故事集，由以和歌为中心的125个短篇汇编而成，有相当一部分是取自地方的恋爱故事等民间传说〕里，有过这样一段记载："有心人养奇藤于瓶中，花蔓弯垂竟长三尺六寸。"

这是在原行平〔原行平（818—893）：日本平安朝前期的诗人〕接待客人时的插花故事。这种所谓花蔓弯垂三尺六寸的藤确实珍奇，甚至令人怀疑它是不是真的。不过，我觉得这种珍奇的藤花象征了平安朝的文化。藤花富有日本情调，且具有女性的优雅，试想在低垂的藤蔓上开着的花儿在微风中摇曳的姿态，是多么纤细娇弱，彬彬有礼，脉脉含情啊。它又若隐若现地藏在初夏的郁绿丛中，仿佛懂得多愁善感。这花蔓长达三尺六寸，恐怕是异样的华丽吧。日本吸收了中国唐代的文化，尔后很好地融汇成日本的风采，大约在一千年前，就产生了灿烂的平安朝文化，形成了日本的美，正像盛开的"珍奇藤花"给人格外奇异的感觉。那个时代，产生了日本古典文学的最高名著，在诗歌方面有最早的敕撰和歌集《古今和歌集》〔《古今和歌集》：共二十卷，收集和歌千余首〕（905）。小说方面有《伊势物语》、紫式部（约907前后—1002前后）的《源氏物语》、清少纳言（966前后—1017，根据资料是年尚在世）的《枕草子》等，这些作品创造了日本美的传统，影响乃至支配后来八百年间的日本文学。特别是《源氏物语》，可以说自古至今，这是日本最优秀的一部小说，就是到了现代，日本也还没有一部作品能和它媲美，在10世纪就能写出这样一部近代化的长篇小说，这的确是世界的奇迹，在国际上也是众所周知的。少年时期的我，虽不大懂古文，但我觉得我所读的许多平安朝的古典文学中，《源氏物语》是深深地渗透到我的内心底里的。在《源氏物语》之后延续几百年，日本的小说都是憧憬或悉心模仿这部名著的。和歌自不消说，甚至从工艺美术到造园艺术，无不都是深受《源氏物语》的影响，不断从它那里吸取美的精神食粮。

紫式部和清少纳言，还有和泉式部（979—不详）

和赤染卫门〔赤染卫门：日本平安朝中期的女诗人，著有《赤染卫门集》〕（约957—1041）等著名诗人，都是侍候宫廷的女官。难怪人们一般提到平安朝文化，都认为那是宫廷文化或是女性文化了。产生《源氏物语》和《枕草子》的时期，是平安朝文化最兴盛时期，也是从发展的顶峰开始转向颓废的时期，尽管在极端繁荣之后已经露出了哀愁的迹象，然而这个时期确实让人看到日本王朝文化的鼎盛。

不久，王朝衰落，政权也由公卿转到武士手里，从而进入镰仓时代（1192—1333），武家政治〔武家政治：即由武士阶级掌握政权，实行统治。一般指镰仓、室町、江户三幕府的政治，自镰仓幕府创立至江户幕府崩溃共约七百年（1180—1867）〕一直延续到明治元年（1868），约达七百年之久。但是，天皇制或王朝文化也都没有灭亡，镰仓初期的敕撰和歌集《新古今和歌集》（1205）在歌法技巧上，比起平安朝的《古今和歌集》又前进了，虽有玩弄词藻的缺陷，但尚注重妖艳、幽玄和风韵，增加了幻觉，同近代的象征诗有相同之处。西行法师（1118—1190）是跨平安和镰仓这两个朝代的具有代表性的诗人。

梦里相逢人不见

若知是梦何须醒

纵然梦里常幽会

怎比真如见一回

　　《古今和歌集》中的小野小町的这些和歌，虽是梦之歌，但却直率且具有它的现实性。此后经过《新古今和歌集》阶段，就变得更微妙的写实了。

竹子枝头群雀语

满园秋色映斜阳

萧瑟秋风荻叶凋

夕阳投影壁间消

　　镰仓晚期的永福门院〔永福门院（1271—1342）：镰仓晚期的女诗人，伏见天皇的中宫皇后〕的这些和歌，是日本纤细的哀愁的象征，我觉得同我非常相近。

　　讴歌"冬雪皑皑寒意加"的道元禅师或是歌颂"冬月拨云相伴随"的明惠上人差不多都是《新古今和歌集》时代的人。明惠和西行曾以诗歌相赠，并谈论过诗歌。

　　西行法师常来晤谈，说我咏的歌完全异乎寻常。虽是寄兴于花、杜鹃、月、雪，以及自然万物，但是

我大多把这些耳闻目睹的东西看成是虚妄的，而且所咏的诗句都不是真挚的。虽然歌颂的是花，但实际上并不觉得它是花；尽管咏月，实际上也不认为它是月，只是当席尽兴去吟诵罢了。像一道彩虹悬挂在虚空，五彩缤纷，又似日光当空辉照，万丈光芒。然而，虚空本来是无光，又是无色的。就在类似虚空的心，着上种种风趣的色彩，然而却没有留下一丝痕迹。这种诗歌就是如来的真正的形体。（摘自弟子喜海〔喜海（1174—1250）：明惠上人的弟子，著有《梅尾明惠上人传记》〕的《明惠传》）

西行在这段话里，把日本或东方的"虚空"或"无"，都说得恰到好处。有的评论家说我的作品是虚无的，不过这不等于西方所说的虚无主义。我觉得这在"心灵"上，根本是不相同的，道元的四季歌命题为《本来面目》，一方面歌颂四季的美，另一方面强烈地反映了禅宗的哲理。

1968年1月

言犹未尽

> 书有可浅尝者，有可吞食者，少数则须
> 细嚼慢咽。
>
> ——培根

　　写了上述文字该给这本小册子画上一个句号了，按出版社要求，字数已近于限界。然而，从头至尾再读一遍书稿，对于川端其人和对他的创作言犹未尽之感愈深。

　　毋庸赘言，在这样一本薄薄的书里是不可能容纳川端康成72年人生历程的。这时一种负债之感便油然而生。在我的脑海里浮现出川端康成的许多影像。他那么内向，寡于言谈，那双凝视的眼睛曾使涉世不深的年轻女记者在采访他时吓得差点哭出来；然而，他在交友中又那么诚恳，尽管自己体弱繁忙，但是却热心奖掖后进，甚至几位性格孤僻的作家都能得到他的关怀。他不仅从小失去一切亲人，而且在成年以后接二连三地给一位位朋友送葬，其中像横光利一、佐藤春夫、尾崎士郎、武田麟太郎、木尾井基次郎、崛辰

雄、岛木健作、菊池宽、北条民雄、伊藤整、三岛由纪夫，真可谓在死尸累累中度过一生。川端康成被称作"参加葬礼的名人"。他居然顶住了这一切巨大的压力，那如"仙鹤的瘦身"里该有多么强韧的精神啊！他勤于笔耕，正像另一位日本作家所言，说任何一位作家辛苦是多余的话。川端康成还从事一系列文化活动。在日本发动的那场侵略战争刚刚以失败结束，日本列岛面临的是国破家亡、山河破碎的惨相。在1945年5月，他与住在镰仓的久米正雄、中山义秀、高见顺等人看到战争中出版事业几近崩溃，素来重视教育的日本人不仅面对各种物质的匮乏，而且更忍受不了知识的饥渴。鉴于这种情况，川端在八幡街建立租书铺，拿出他们的藏书租贷给求知若渴的人们。战争刚刚结束，他以此租书铺为基础，由大同造纸倡议，成立镰仓文库出版社，川端康成为常务董事，坚持每日上班。

同时，川端康成是最早涉足日本影视事业的作家，为日本影视事业的发展也作出了很大贡献。他多年担任日本笔会会长，协调、组织日本作家和国际的联络，其工作不可谓不繁忙，要认识一个完整的川端将这些遗漏是不应该的。当笔者在1986年于日本镰仓川端故居附近的日本近代文学馆参观川端文学展时，观看川端平时生活、讲演的录像，听日本学者介绍川端的个人生活中的爱好、轶事，我进一步感到一个活生生的川端浮现在眼前，要写出这些，只好留待在别的文字里了……

同时还要提醒读者的是，在这本小书里对于川端几部很重要的作品，如《古都》《名人》《禽兽》《东京人》《女性开眼》《水晶幻想》等等均未能介绍，这更使笔者感到惴惴不安。好在广大读者对于川端康成都有不同的了解，每个人都会根据自己的阅读经验去弥补这些不足。

最后要和每位读者朋友交谈的是，从自己的阅读

日本鹿儿岛。《生命之树》就是川端康成在鹿儿岛鹿屋飞行基地采访一个多月的成果。

经验来说，川端作品是难于把握的。在日本访学期间，我特意调查过不同层次的人，他(她)们中喜欢者有之，厌恶者亦有人在，摇头说读不太懂得者也不乏其人。这一切都并不奇怪。从接受美学角度来说这是十分正常的。对于任何一个作家，不同的读者都是一个独特的接受屏幕，而且即使是同一个人，随着时间的流逝，人生经历的变化，对于同一作品的接受也会产生种种不同的充填。想起来在中学时代读肖洛霍夫的《静静的顿河》，看到主人公葛里高利在顿河草原打羊草时无意中砍死一只水鸟，他那种无限惋惜、哀怜之情也深深感动了我。但是由于没有草原地区生活经验，也不曾打过羊草，这种感受多半是理念的。后来上了大学，在暑假到草原的牧场去打工，也打起羊草来，一次钐刀下去竟也将一只美丽的长喙、长腿的水鸟砍死。这时不由自主地停下刀来，捧起身首异地的水鸟竟濡湿了双眼……在草原打羊草也好，放牧也好，常常方圆几十里只有自己，是见不到人的。这时那种自己已融入了大自然之中，身边的万物都与自己浑然一体的感觉会油然而生。这时蓦地想起葛里高利面对砍死的水鸟的感情似乎理解得又多了一层。人不分东西，爱是从人与自然的亲和中产生的，它是超越古今的。我们对于川端的作品的把握就需要以人生的内含去阐发它。

同时我们还要注意到"川端文学的最大魅力可以说是缺页的魅力"。(长谷川泉语)这里的"缺页"并非指印刷中的漏洞造成的技术性疵漏,指的是川端的整个作品"都像散文诗一样""没有写进去的空白,就好像有意识的'缺页'一样。"这种"缺页"犹如设下许多"哥德巴赫猜想",如果读者不懂缺页的"空白"和余韵,就无法认识川端文学。我们可以把川端文学称作"缺页的文学"吧。从这个意义上讲在世界文学中既有说不尽的莎士比亚,道不尽的曹雪芹,也有留下许多"空白"让读者去充填的川端。他的作品更需要细嚼慢咽,去粗取精。

到这里我真要在这盛夏来临之际给这本小小的拙著画上句号了,还有许多书要慢慢地读。自己的话在别的书里,慢慢地讲吧。还要说上一句的是:感谢我的恩师长谷川泉先生,对于这么一本菲薄之作竟亲自赐笔作序,这种奖掖后进的长者之风使我永志不忘。我读着先生的序文,想到去年在他的宅邸两次聆听他的教诲,仿佛到了先生给我讲授川端康成作品的课堂上……

1996年6月8日写完